46/47 – Hamburg im Katastrophenwinter

Albrecht Schreiber

46/47 – Hamburg im Katastrophenwinter

Stadtgeschichte aus Presseberichten

EDITION NORD

Umschlagabbildung:
Brennholz für ein bisschen Wärme. Durch den Mangel an Kohle war Hamburg in den ersten Nachkriegsjahren zur waldärmsten Großstadt Deutschlands geworden. Foto: Denkmalschutzamt Hamburg,Bildarchiv/Andres

Bibliografische Information
der Deutschen Nationalbibliothek

Die Deutsche Nationalbibliothek verzeichnet diese Publikation in der Deutschen Nationalbibliografie; detaillierte bibliografische Daten sind im Internet über ‹http://dnb.d-nb.de› abrufbar.
ISBN-10: 3-00-020102-5
ISBN-13: 978-3-00-020102-8

2. Auflage 2006

 Gestaltung und Satz: Jens-Sören Mann, Hamburg. Druck und Bindung: Druckhaus Nomos, Sinzheim. Printed in Germany.

Vorwort *von Ralf Dahrendorf*

Das geschichtliche Bewusstsein der Deutschen hat sich lange Zeit auf die großen Ereigniskettten des 20. Jahrhunderts konzentriert: das NS-Regime und seine Vorgeschichte, dann das Wirtschaftswunder und die erfolgreiche Entwicklung der Nachkriegesdemokratie. Zwischen beiden sind ein paar Jahre dem allgemeinen Verständnis fast verloren gegangen, die nun von Zeitgenossen mit historischem Sinn gleichsam wiederentdeckt werden.

Albrecht Schreibers Hamburger Stadtgeschichte im schwierigen Winter 1946/47 ist ein Beitrag zur Erinnerung an die vergessenen Jahre.

Es ist ein düsteres Bild, das da aus allerlei Mosaiksteinchen der Information entsteht, ein Bild des Hungerns, des Frierens, des Elends. Zuweilen ist heute davon die Rede, dass es eine Stunde Null gab zwischen der Niederlage des Nazi-Regimes und dem Aufbau der Bundesrepublik. Tatsächlich ist das – wie dieses Buch zeigt – eine fast zu idyllische Beschreibung. Das Neue begann nicht mit Null, sondern mit Minuswerten. Für die Verlierer eines brutalen Angriffskrieges wurden die Lebensverhältnisse nicht überraschenderweise zunächst schlechter. Viele kamen im Hamburger „Katastrophenwinter" 1946/47 ums Leben.

Wer jene Tage erlebt und sich in ihnen aktiv betätigt hat, weiß aber auch, dass dies nur die halbe Geschichte ist. Allerorten gab es auch Zeichen des Neuen. Die erste gewählte Bürgerschaft (der mein Vater angehörte) mag vor Kälte zitternd in Wintermänteln getagt haben, aber sie begann doch eine parlamentarische Tradition, die im Unterschied zu der der Weimarer Republik Bestand haben sollte. Als ich mich im Frühjahr 1947 an der Hamburger Universität einschrieb, war die erste Aufgabe die, im Wortsinn Hand anzulegen beim Wiederaufbau des Universitätsgebäudes in der Edmund-Siemers-Allee.

Selbst Hand anlegen – das taten viele, im persönlichen Bereich, in ihrem Beruf, im öffentlichen Leben. Aufstieg durch Eigentätigkeit unter schwierigen Bedingungen ist sogar möglicherweise das wichtigste Erbe der vergessenen Jahre der deutschen Nachkriegszeit. Wie schwierig die Ausgangsbedingungen waren, haben manche vergessen und viele nie gewusst. Daran zu erinnern ist daher besonders nützlich in einer Zeit, in der Eigeninitiative einmal mehr gefragt ist, die obwaltenden Bedingungen aber unvergleichlich viel besser sind als die in diesem Band geschilderten.

Im Oktober 2006 *Ralf Dahrendorf**

* Prof. Dr. Dr. Ralf Dahrendorf, The Lord Dahrendorf KBE FBA, geb. 1929 in Hamburg, Soziologe, Politiker; ehem. MdB und Parl. Staatssekretär, Europäische Kommission in Brüssel, Mitbegründer der Universität Konstanz, Leiter der London School of Economics, Rektor des St. Antony's College Oxford; Mitglied des House of Lords, Friedensklasse Pour le mérite, Forschungsprofessor am Wissenschaftszentrum Berlin.

Inhalt

Vorwort von Ralf Dahrendorf 5
Zu diesem Buch 11

Die britische Besatzungszone in Deutschland 13

Labour im Unterhaus als Anwalt für Deutschland 16

■ „Großmütige Behandlung der Besiegten" – Churchill kritisiert Regierung – Unterhaus-Abgeordneter Stokes: Rache besonders fehl am Platz – Kriegsgefangene – Hamburgs Repräsentanten der Besatzungsmacht – Bürgermeister Max Brauer und seine Sorgen – Grindel-Hochhäuser – Entnazifizierung

Erfrorener hatte „nichts zu heizen und nur markenmäßig zu essen" 29

■ Die große Kälte und ihre Opfer – Krank zu Hause und minus fünf Grad im Zimmer – Ärzte hilflos: Autos eingefroren oder stillgelegt

Mit sieben Gramm Fett und zwei Gramm Käse über die Runden kommen 36

■ 1500 Kalorien: Nahrung unter Existenzminimum – Ärzte geißeln Mangel an Fett und Eiweiß – Tod durch Hunger

Ein Großteil der Kohle bleibt auf der Strecke 44

■ Dramatischer Engpass bei Strom und Gas – Demontagen: Rücktritt des Senats erwogen – Elektrizität nur stundenweise – Nahverkehr auf dem Abstellgleis – Kohlenzüge aus dem Ruhrgebiet: Defekte Lokomotiven, Wagen, Gleise – 1947 dennoch Aufschwung der Hamburger Wirtschaft – Wichtigste Berufe: Bergmann, Eisenbahner, Hafenarbeiter – Hamburg dankt: Ruhrfestspiele Recklinghausen – Polizei im Kampf gegen Kohlenplünderei – Raubbau am Wald

Landwirtschaft der Zukunft heißt Trecker statt Pferd und groß statt klein 58

■ Ernährung von Getreide-Einfuhr abhängig – Pessimismus für Auslands-Lieferungen – Großbetriebe und Spezialisierung – Entscheidend: Kunstdünger – Fett-Erzeugung vor Zusammenbruch – Schlange-Schöningen zieht äußerst kritische Bilanz

Schwarzer Markt – Dunkelzone des Überlebens und Basis für das Großgeschäft 69

■ Jugend ohne Perspektive – Tabakkarte als Existenzbasis – Betrug an Erntehelfern – Tonnenweise Lebens- und Genussmittel beschlagnahmt – 6000 Ordnungskräfte – Anstandslektionen für Polizei

Gefärbte Uniformen, nichts an den Füßen und Seife für Knochen 78

■ Leere Kleider- und Schuhschränke – Warnung vor Hygiene-Notstand – Tabak Marke „Schreberstolz" – Geige gegen Bretter

Schwedenspeisung, Schwedenkleidung – ein Strom der Hilfe aus dem Ausland 88

■ Mit Essgeschirr zur Schule – Victor Gollancz und „Rettet Europa jetzt" – Miss Josephine Tresize und ihre Schokoladensammlung – Lebertran, Care-Pakete und Schlachtvieh – Kinder in die Schweiz – Hamburg hilft Hamburg

Deutsche Schiffe sind nicht zu grüßen 96

■ Fahrzeuge besetzter Nationen führen Einheitsflagge – Nur Minimaltonnage – Hafen Hamburg wichtigster Stützpunkt britischer Zone – Rheinmündungshäfen wittern Konkurrenz: Hamburg holt auf – Hoffnung auf „Liberty"-Schiffe – Eisgang, leere Kohlenbunker, vertäute Fischereiflotte – Wieder Walfang?

Ein Wiederaufbau mit Bremsspuren 104

■ Trümmer in Massen, Schätze im Schutt – Hausen und wohnen – Nissenhütten – Keine Kohle: kein Baustoff – Bau-Anträge zwecklos – „Aufgeblähte Bürokratie wie zuvor"

Todesurteile an der Rothenbaumchaussee 110

■ Curiohaus-Prozesse: Neuengamme und Ravensbrück – Militärjustiz – Henker in Hameln – Waffen-SS-Mann in britischen Diensten – Fahnenflucht, Todesurteil, Notwehr und deutsche Rechtsprechung

Medien, Kultur, Wissenschaft – Aufbruchstimmung an Alster und Elbe 120

■ Neue Zeitungen – Liberaler Rundfunk – Borcherts *Draußen vor der Tür* – Filmproduzenten in Hamburg – Leere Bibliotheken, neue Rotationsromane – Andrang in Hamburgs Universität – Technische Hochschule: Nur Hamburg, nicht mehr Berlin

Anhang

Quellenverzeichnis 135

Abkürzungen und Siglen 136

Personenregister 139

Sachregister 141

Zu diesem Buch

Zum Nachlass meines Vaters Heinz Schreiber (1903–1993; 1984 vom Senat der Freien und Hansestadt Hamburg mit der Medaille für treue Arbeit im Dienste des Volkes in Silber gewürdigt) gehören Erst- und folgende Ausgaben von Hamburger Tageszeitungen, die 1946 neu oder wieder erschienen sind: *Hamburger Echo, Hamburger Freie Presse, Hamburger Allgemeine, Die Welt* sowie die Wochenzeitung *DIE ZEIT*. Sein ausgeprägter Sinn für Hamburger Zeitgeschehen mag ihn dazu bewogen haben, die Entwicklung der neuen Hamburger Printmedien und die gleichzeitigen besonderen Umstände der Winterkatastrophe 1946/47 in seiner geliebten Vaterstadt zu dokumentieren. Die Sammlung umfasst rund hundert Exemplare der nur zwei- bis dreimal wöchentlich erschienenen Hamburger Tagespresse von 1946 und 1947 sowie einige weitere aus diesem Stadium.

Welchen Nutzen haben solche Zeugnisse? Keinen, wenn sie unbearbeitet bleiben. So ergab sich nach der Lektüre der Anlass, daraus eine kurze, aber schicksalsschwere Epoche Hamburgs zu dokumentieren. Die Redensart, dass nichts so alt ist wie die Zeitung von gestern, wird mit dem Konvolut der dieser Veröffentlichung zugrunde liegenden Publikationen widerlegt: Im Zusammenhang, nach Auswertung von nahezu 600 Beiträgen – und im Einzelfall ergänzender Quellen – hat sich dem Verfasser ein faszinierendes Bild des in Kindheitstagen miterlebten entbehrungsreichen Hamburger Alltags vor nunmehr sechs Jahrzehnten ergeben und zahlreiche Erinnerungen wachgerufen.

In diesem Zusammenhang ist mit Entschiedenheit zu betonen, dass die geschilderte Leidenszeit an Alster und Elbe durch einen von Deutschland ausgelösten verlorenen Zweiten Weltkrieg und der damit einhergehenden Schreckensherrschaft mit Vernichtung, Verderben, Vertreibung eine Vorgeschichte hat. Daran war, nicht zu vergessen, auch Hamburg wesentlich beteiligt.

Um so mehr ist die Fairness der britischen Militärregierung im Umgang mit den Besetzten hervorzuheben – besonders in Anbetracht der Tatsache, dass auch das siegreiche England weder von den Auswirkungen der Eiseskälte 1946/47 verschont geblieben ist noch etwa aus dem Vollen schöpfen konnte: Auch jenseits des Ärmelkanals herrschte Mangel an Brennstoff und Nahrungsmitteln, auch dort war die Existenz von Bezugsscheinen und Lebensmittelkarten abhängig. Nach der Befreiung Deutschlands vom Faschismus 1945 hatte Großbritannien in seiner Zone für 22 Millionen Deutsche zu sorgen – vor dem Hintergrund, dass innerhalb der drei zurückliegenden Jahrzehnte zweimal unzählige britische Soldaten durch deutsche Kriegshandlungen ihr Leben und deren Familien belangvolle Teile ihrer Zukunft verloren hatten.

Danken möchte ich an dieser Stelle dem Bildarchiv des Denkmalschutzamtes Hamburg für die sachkundige und stets freundliche Unterstützung bei der Bildrecherche.

Lübeck / Hamburg, im Oktober 2006 *Albrecht Schreiber*

Hinweis in eigener Sache: *„46/47" ist das Gemeinschaftswerk zweier vom Büchermachen begeisterter Hamburger, die sich in der „Edition Nord" zusammengefunden haben: Albrecht Schreiber, Jahrgang 1938, Autor und Redakteur; Jens-Sören Mann, Jahrgang 1964, Buchhersteller und -gestalter. Weitere Veröffentlichungen sind in Planung.*

Schleswig-Holstein, Hamburg, Niedersachsen, Nordrhein-Westfalen

Die britische Besatzungszone in Deutschland

Auch die Hansestadt Bremen gehörte kurz dazu

Nach Ende des Zweiten Weltkrieges am 8. Mai 1945 wurde Deutschland von den Siegermächten in vier Besatzungszonen eingeteilt – in die amerikanische, britische, französische und russische. Auf einer verbliebenen Gesamtgröße von 356.400 km² lebten 74 Millionen Menschen einschließlich etwa 900.000 ehemaliger ausländischer Verschleppter und Zwangsarbeiter (Displaced Persons, DPs). Die Bevölkerungsdichte pro Quadratkilometer war von 147 (1939) auf 208 angestiegen.

Die britische Besatzungszone im Nordwesten Deutschlands unter Führung der Militärregierung löste 1946 die bisherigen preußischen Provinzen auf und gründete die (späteren Bundes-)

Länder Nordrhein-Westfalen, Niedersachsen (zuvor Provinz Hannover und die Länder Braunschweig und Oldenburg) und Schleswig-Holstein. Hamburg behielt seinen Status als selbständiger Stadtstaat und war der Militärregierung auf Grund seines politischen, kulturellen und gesellschaftlichen Lebens Zentrum der britischen Zone.

Eine Besonderheit stellt in diesem Zusammenhang Bremen dar. Es war seit dem 27. April ebenfalls britisches Besatzungsgebiet, doch gemeinsam mit dem britischen Militär waren US-Verwaltungseinheiten in die Hansestadt an der Weser eingerückt, die für die Übernahme der zukünftigen amerikanischen Zone Bremen von den Briten vorgesehen waren. Ein Ende April ernannter US-Chef der Militärregierung war somit noch der britischen Besatzungsmacht unterstellt. Am 20. Mai 1945 ging die Zuständigkeit für die militärische Sicherheit in der Enklave auf die Amerikaner über. Im Dezember 1946 wurde der topographische Zuschnitt der Zone neu geregelt, indem alle Gebietsteile außer Bremen und Bremerhaven an die englische Beatzungsmacht fielen. Bis zur Gründung des Landes Bremen als US-Besatzungszone am 22. Januar 1947 blieb der einzigartige Zustand einer Zone mit doppelter Einbindung in britische und amerikanische Gremien und Zuständigkeiten bestehen.

Mit fast 23 Millionen Einwohnern war das von England besetzte deutsche Gebiet (97.000 km²) das bevölkerungsreichste unter den vier okkupierten. Die militärische Verwaltungszentrale der britischen Zone, die *Control Commission of Germany / British Element (CCG/BE),* befand sich in Bad Oeynhausen. Ihr waren die Militärregierungen der Länder der britischen Zone mit 28.500 militärischen und zivilen Angehörigen unterstellt. Die CCG wurde zunächst von Feldmarschall Sir Bernard L. Montgomery und ab 1946 von General Sir Brian Robertson kommandiert.

Zwar hatte das Ergebnis der Potsdamer Konferenz im Juli/August 1945, das Potsdamer Abkommen, die wirtschaftliche Einheit Deutschlands vorgesehen. Das aber scheiterte maßgeblich am Einspruch Frankreichs, das aufgrund seiner Verstrickungen mit dem nationalsozialistischen Deutschland während seiner deutschen Besetzung nicht zur Teilnahme an der Konferenz geladen war. Doch die erheblichen Schwierigkeiten in der Versorgung der

Bevölkerung vor allem im Winter 1946/47 führten zum 1. Januar 1947 immerhin zu einem gemeinsamen Vorgehen der amerikanischen und britischen Zonen, der Bizone (zusammen 39 Millionen Einwohner) mit Hauptverwaltung in Frankfurt/Main. Sie sollte vor allem die Wirtschaft beider Gebiete stärken. Mit der Bizone wurden jedoch unbeabsichtigt erste Schritte zur Teilung Deutschlands in zwei Staaten (BRD und DDR) eingeleitet. Frankreich war zu dieser Union ebenfalls aufgefordert worden, trat dem Bündnis aber erst im April 1949 bei, woraufhin aus der Bi- die Trizone wurde.

Das im Mai 1945 von der britischen Besatzungsmacht beschlagnahmte „Hotel Königshof" in Bad Oeynhausen war bis 1954 Hauptquartier ihrer Rheinarmee. Die Control Commission of Germany/British Element (CCG/BE) residierte dort mit ihren Referaten Verkehr, Finanzen und Arbeit. Foto: Stadtarchiv Bad Oeynhausen

„Bedingungslose Kapitulation heißt bedingungslose Verantwortung"

Labour im Unterhaus als Anwalt für Deutschland

Abg. Stokes ließ nicht locker – 355.000 PoW auf der Insel

Das Ziel Englands in Deutschland war, so Außenminister Ernest Bevin im Oktober 1946 im Unterhaus, neue politische Bedingungen zu schaffen, die eine Rückkehr des besetzten Landes zu einer Diktatur oder zu einem Wiederaufleben deutscher Angriffspolitik verhindern. Es muss Deutschland ermöglicht werden, aus seiner Industrie und sonstigen Quellen Nutzen zu ziehen. Und es muss ein dem Land angemessener und dauerhafter Verfassungsapparat entstehen – dezentralisiert, nach den Prinzipien des Föderalismus.

Aber, so Schatzkanzler Dalton, Deutschland müsse die für seine Existenz unverzichtbaren Einfuhren mit eigenen Exporten bezahlen. Schon jetzt koste die Besatzung jährlich mehr als 80 Millionen Pfund – Tendenz steigend. Diese Last weise der britische Steuerzahler mit Recht zurück. Als Entgelt dafür galten die Reparationsleistungen der britischen Zone bis 30.9.1946 – 32 Werften, 30 chemische Werke, 23 Fabriken der Maschinen- und optischen Industrie, 86 Metall- und sechs Treibstoffwerke.

Im Februar 1947 hatte das Unterhaus für die britische Zone zusätzlich 34,5 Millionen Pfund (= 1,38 Milliarden Reichsmark) für die Einfuhr dringend benötigter Lebensmittel und Güter für die britische Zivilverwaltung bewilligt. Auch der für die Besatzungszone zuständige Staatsminister John Hynd sah die Zeit zu Ende gehen, dass derart große Summen ohne deutsche Gegenleistung zur Verfügung stehen. Die Exporte aus der britischen Zone seien um 20 Millionen Pfund (= 800 Millionen Reichsmark) hinter den Prognosen zurückgeblieben.

Sir Cecil Weir, Präsident der wirtschaftlichen Unterkommission der britischen Militärregierung, hob wenig später die Verdienste der Besatzungsmächte hervor. Es gebe in der Geschichte kein

Beispiel für eine so großmütige Behandlung der Besiegten durch den Sieger wie in den besetzten Zonen Deutschlands. Dafür gebühre den Siegern in späteren Jahren Dank und Anerkennung, wobei deren Leistungen aber nicht als Geschenk zu betrachten sind: Sie erwarten in angemessener Zeit eine Rückzahlung. Aber zunächst würden für den Wiederaufbau Kohlen gebraucht: Der Präsident forderte eine Steigerung im laufenden Jahr 1947 von 226.500 (Februar 1947) auf 300.000 und für 1948 auf 400.000 Tonnen täglich. Das ist der deutschen Öffentlichkeit immer wieder mit Nachdruck klar zu machen.

Von der *Daily Mail* kam Anfang 1947 publizistische Unterstützung. Angesichts des einzig noch vorhandenen Gedankens der Deutschen – den der Ernährung – verdeutlichte der Autor Alexander Clifford den Lesern, sie sollten ja nicht denken, die Deutschen lernten etwas aus ihrem Leiden: „Sie lernen nichts als unklaren, unnachdenklichen Hass und Groll." Allerdings habe England durch seine Forderung nach bedingungsloser Kapitulation auch die bedingungslose Verantwortung übernommen.

Einige Wochen später ging Oppositionsführer Winston Churchill indirekt darauf ein. Er warf der Labour-Regierung vor, sie gebe jährlich 120 Millionen Pfund für den Versuch, deutsche Probleme zu lösen, aus, anstatt den Besetzten die Führung ihrer eigenen Angelegenheiten zu überlassen. Englands Regierung versuche Deutschland zu lehren, die Nazis zu hassen, wobei es ihr lediglich gelinge, die Deutschen zum Hass auf die Engländer zu erziehen.

Churchills konservativer Parlamentskollege Law, von einem Besuch in Deutschland zurückgekommen, berichtete dem Parlament von elenden, sich selbst bemitleidenden und den Tatsachen nicht ins Auges sehenden Menschen mit erschreckend moralischem Vakuum. Die Regierung habe intensiver zu kontrollieren und darauf zu achten, dass Deutschland nicht einen dritten Krieg anzettelt – ergänzt vom Parteikollegen Douglas Marschall, England züchte in seiner Besatzungszone ein Volk verbitterter und rachsüchtiger Kellerbewohner heran, das vergessen habe, weshalb es in diese Situation geraten ist.

Um den von den Besatzungsmächten forcierten Föderalismus zu realisieren, stattete die britische Militärregierung mit Beginn des Jahres 1947 die Regierungen der von ihr gebildeten neuen

Länder Nordrhein-Westfalen, Niedersachsen, Schleswig-Holstein und Hansestadt Hamburg mit voller Regierungsgewalt aus, behielt aber die Fäden als Zentralregierung weiter in der Hand. General Sir Brian Robertson, stellvertretender Militärgouverneur der britischen Zone, sprach sich darüber hinaus für eine Überführung der deutschen Industrie in seinem Bereich in den Staatsbesitz aus. Der Oberbefehlshaber der britischen Zone, Luftmarschall Sir Sholto Douglas, ging sogar davon aus, dass auch die CDU keine Bedenken gegen die Übernahme großer Schlüsselindustrien in öffentliches Eigentum haben werde.

Luftmarschall Sir Sholto Douglas war seit 1. Mai 1946 Militärgouverneur der britischen Zone
Foto: NN/HE

Das war, an einigen Beispielen, die eine Seite des Verhältnisses zwischen den Besatzern und Besetzten. Umso nachdrücklicher ist hervorzuheben, dass die britische Tugend der Fairness gerade in diesen Zeiten herausragende Beispiele geliefert und Deutschland oft unerwartet entgegenkommend behandelt hat.

Auf der zu Anfang genannten Unterhaus-Debatte im Oktober 1946 setzte sich der Labour-Abgeordnete Davies mit Nachdruck dafür ein, das deutsche Volk wieder auf die Füße zu stellen, damit es einen gerechten Platz in der Gemeinschaft der Nationen einnehmen kann. Es gehe seinen englischen Landsleuten besonders gegen den Strich, irgendwie rachsüchtig zu sein. Major Bramball nannte den Import von Kohle und Holz aus dem Ruhrgebiet nach England die größte Narrheit. Damit verliere Deutschland den Rest seiner Rohstoffe. Wenn seine Leistungsfähigkeit derart eingeschränkt werde, könne sich das Land weder aufbauen noch anderen Ländern beim Wiederaufbau helfen. Deutschland müsse bewiesen werden, dass Demokratie nicht mit Verhungern zu verwechseln ist. Und: England werde sich jenseits des Ärmelkanals nicht die Achtung erwerben, wenn „wir uns wie ein neues Herrenvolk betragen", so der Labour-Abgeordnete Crossman.

Ein herausragendes Beispiel von Anstand und Fairness war das intensive Engagement für die mehr als ca. 440.000 deutschen

Kriegsgefangenen weltweit in englischem Gewahrsam, davon 355.000 auf der Insel – unter ihnen drei Feldmarschälle, 164 Generale und 17 Admirale. Seit Ende September 1946 waren bereits 61.000 entlassen worden, monatlich sollten 20.000 „Prisoner of War" (PoW) folgen. Im Februar 1947 waren die Lager in England statt mit Stacheldraht nur noch mit einem angedeuteten Zaun versehen. Im März 1947 wurde den Gefangenen das Tragen gefärbter englischer Uniformen in Aussicht gestellt – als Ersatz für die sie als PoW kenntlich machenden bunten Flicken und Beschriftungen auf der gegenwärtigen Kleidung. Die Lagerkommandanten konnten die Fünf-Meilen-Begrenzung um die Lager erweitern, die Gefangenen durften nun Privatwohnungen aufsuchen und bei Vorlage von Einladungen auch in Gruppen Sportstätten besuchen.

Der konservative Unterhausabgeordnete Baldwin wies das Landwirtschaftsministerium darauf hin, deutsche Krieggefangene beim Ernteeinsatz im Herbst 1947 nicht als Sklaven zu behandeln und sie für ihre Arbeit normal zu entlohnen. Ihrerseits machten die deutschen Kriegsgefangenen auch positiv von sich reden. So sah der Hamburger Wassersportler Bruno Knudsen im Februar 1947 seiner baldigen Entlassung entgegen: Er hatte aus einem eisigen Kanal in Leicester ein neun Monate altes Kind gerettet und war dafür mit einer Urkunde öffentlich geehrt worden. Die deutschen Kriegsgefangenen des Lagers Kinnerley in Shropshire hatten ihre Kuchenrationen aufgespart und Spielsachen gebastelt – darüber konnten sich 100 Schulkinder des Dorfes freuen.

Im März 1947 hatten 50 Labour-Abgeordnete des Unterhauses Außenminister Ernest Bevin eine Entschließung mitgegeben, bei der bevorstehenden Außenminister-Konferenz in Moskau mit Nachdruck die Freilassung mehrerer Millionen deutscher Kriegsgefangener zu fordern: Bis zu Beginn des kommenden Winters sollten die Entlassungen vollzogen sein. Und ebenso engagierte sich zum wiederholten Male der Labour-Abgeordnete Stokes, der während einer Deutschlandreise im Januar 1947 auch Hamburg besucht hatte. Er fragte Staatsminister McNeil nach den Bemühungen der britischen Regierung in Bezug auf ihre Verhandlungen mit der *Alliierten Kontrollkommission für Deutschland* über die Rückführung der Kriegsgefangenen. Denn die Kommission habe ja die Regierungsgewalt im besetzten Land übernommen. Als der

„Einer, dem wir zu danken haben", so die Hamburger Freie Presse *am 1. Februar 1947 über den britischen Labour-Unterhausabgeordneten Stokes.* Foto: NN/HFP

Minister antwortete, die Situation schließe nicht aus, dass England sich technisch noch mit Deutschland im Krieg befinde, konterte Stokes, England könne nicht mit sich selbst im Krieg sein. Es befinde sich rechtlich und moralisch im Unrecht, behielte es mehr als eine Viertelmillion Deutscher als „Sklaven" zurück, während in Europa Hunderttausende von Verschleppten darauf warteten, in England Aufnahme und Arbeit zu finden.

Eine besondere Stellung unter den englischen Kriegsgefangenen nahmen die so genannten „Deutschen Dienstgruppen" in der britischen und amerikanischen Zone ein – Arbeitskompanien für die Besatzungsmacht aus ehemaligen deutschen Soldaten, die kaserniert untergebracht waren, nur unter Einschränkungen die Unterkünfte verlassen durften und von früheren Offizieren und Unteroffizieren geleitet wurden. Sie setzten sich gegen die Bezeichnung „Freiwillige Gefangene" zur Wehr, waren vor allem in Transporteinheiten tätig und maßgeblich an der Versorgung der Bevölkerung beteiligt. Ihr Arbeitsentgelt richtete sich nach dem früheren Wehrsold.

Hamburg war von 1945 bis zum Besatzungsstatut 1949 und genau genommen bis zu den Pariser Verträgen 1955 Hauptstadt der britischen Zone. Mit den militärischen und zivilen Verantwortlichen hatte die Hansestadt verständnisvolle Repräsentanten der Besatzungsmacht: Colonel (Oberst) H.W.H. Armytage (1945/46)

Rudolf Petersen (1878–1962), der im Mai 1945 von der Besatzungsmacht zum Bürgermeister Hamburgs ernannt worden war, im Gespräch mit dem britischen Befehlshaber der Hansestadt, Colonel H. W. H. Armytage. Foto: NN/HA

und die Zivilgouverneure H. V. Berry (1946/49) und J. K. Dunlop (von 1949 bis 1955). Besonders der das Rampenlicht meidende, sich im Hintergrund haltende und fließend Deutsch sprechende Berry erwarb sich die Sympathien der Hamburger – vor allem mit seiner Solidarität im Katastrophenwinter 1946/47, indem er die Räume seiner Behörde nicht heizen und jeden zweiten Beleuchtungskörper unbenutzt ließ.

Dennoch: Die Hansestadt war besetzt – und die Hamburger bekamen das auch mehr oder weniger zu spüren. So hatte beispielsweise der britische Sportoffizier ein Jugendsportfest in der Postsporthalle genehmigt, das aber erst anderthalb Stunden später als vereinbart beginnen konnte, weil unangemeldet vier Engländer zum Tennisspiel erschienen, woraufhin die von auswärts angereisten jugendlichen Sportler und Zuschauer in der Kälte des Februar 1947 vor der Tür zu warten hatten. Dass die Alster ab mittags, die noblen Hotels der Innenstadt und das Kellinghusenbad den Besatzungskräften vorbehalten waren, dass aus dem *Deutschen Schauspielhaus* das *Garrison Theatre* geworden, das Gebäude der Militärregierung in der Sophienterrasse nur mit einem zuvor in der Dammtorstraße zu beantragenden Zulassungsschein zu betreten war – all das wurde hingenommen, man hatte andere Sorgen.

Etwa die, dass im Februar 1947 die täglich zugestandenen 1550 Kalorien aufgrund von Transportschwierigkeiten nicht ständig zur Verfügung standen, aber, wie der Staatsminister für die britische Zone, John Hynd, im Unterhaus einräumte, diese nach Möglichkeit nachgeliefert werden sollten. Der sich für die Hansestadt engagierende, zuvor erwähnte Labour-Abgeordnete Stokes antwortete seinem Parteifreund, dass Hamburg während der vergangenen vier Monate mit Ausnahme von zwei oder drei Wochen nicht mehr als zwei Drittel der Rationen erhalten hat. Das, so Stokes, wisse in

Es fehlt Hunderttausenden an Wohnraum – hier ein Blick in den Alltag einer Nissenhütte in Hamburg –, es muss täglich um Kohle, Brot, Elektrizität, Gas, Nährmittel, Kartoffeln und Fett gekämpft werden: So beschrieb Hamburgs Erster Bürgermeister Max Brauer Anfang 1947 die Sorgen, mit denen sich die Stadtregierung zu beschäftigen hatte. Foto: Denkmalschutzamt Hbg., Bildarchiv/Andres

Deutschland jeder, nur die britische Kontrollkommission für Deutschland in London nicht.

Hamburgs Alltag 1947, wie der Erste Bürgermeister Max Brauer (1887–1973) es beschrieb: „Wir haben die Trümmer der Vergangenheit wegzuräumen, die Sorgen das Tages zu meistern und den sehr schwierigen Weg in die noch dunkle Zukunft zu suchen. Wenn Hunderttausende, die von ihren Normalrationen weder leben noch sterben können, hungern und darben, wenn es den Hausfrauen und Müttern an Seife, den Werktätigen an Schuhzeug und Kleidung, anderen Hunderttausenden an Wohnraum fehlt, wenn tagaus, tagein um Kohle, Brot, Elektrizität, Gas, Nährmittel, Kartoffeln und Fett gekämpft werden muss, wenn es an Fleisch und Fisch fehlt, wenn die Industrie Mangel an Rohstoffen, Arbeitskräften und Energie leidet, dann ist damit nur ein Teil der täglichen Sorgen umrissen, mit denen sich eine Landesregierung unablässig zu beschäftigen hat.“ (*Nordwestdeutsche Hefte* 11 + 12/1947)

Für große Diskussionen in Hamburgs Politik und der Öffentlichkeit sorgte Ende 1946 unter anderem das Hamburg-Projekt der Militärregierung, das auch mit Leidenschaft im Unterhaus debattiert wurde: der Bau von 2100 Wohnungen für Angehörige der britischen zivilen und militärischen Stellen auf einem 15 Hektar großen Areal zwischen Hallerstraße, Grindelberg, Oberstraße und Brahmsallee. Weil Hamburg Zentrum des politischen, kulturellen und gesellschaftlichen Lebens der britischen Zone sei, sei es dafür der geeignete Standort, so die offizielle Begründung. Das Bauvorhaben würde etwa 13.000 dort lebende Hamburger betreffen, für deren Aufnahme 8000 Häuser repariert oder neu gebaut werden sollten.

Max Brauer, 1946–53 und 1957–60 Erster Bürgermeister Hamburgs. Foto: NN/ Ausst.-Kat. „Hamburg am Werk", 1948

Abermals war es der Labour-Abgeordnete Stokes, der sich zum Fürsprecher Hamburgs machte. Er nannte die von Deutschland aufzubringenden Kosten von 48 Millionen Mark für das Projekt. Die Vorbereitungen hätten bereits zur Zerstörung der Wohnstätten von 1460 Personen geführt. Nicht 13.000, sondern 30.000 Menschen müssten ihre Wohnungen verlassen, um für britische Bedürfnisse Platz zu schaffen – und in bereits hoffnungslos überfüllte Wohnungen eingewiesen werden.

Etwas später machte in anderem Zusammenhang die SPD-Fraktion der Bürgerschaft auf die Beschlagnahmen von Wohn- und Gewerbeflächen durch englische Dienststellen aufmerksam. 50 der 143 in Hamburg requirierten Häuser (Februar 1947) seien völlig unbelegt. Die Hälfte der Betten in beschlagnahmten Hotels seien unbenutzt, konfiszierte Restaurants der Innenstadt würden kaum besucht. Die Fraktion hob hervor, dass sich die zivilen Dienststellen der Besatzungsbehörden unter Gouverneur Berry ernsthaft mit den Sorgen der Bevölkerung auseinander setzen, während die militärische Seite weitgehend die Rechte des Siegers in Anspruch nehme.

In Gestalt der von 1946 bis 1956 errichteten Grindel-Hochhäuser wurde das Hamburg-Projekt schließlich verwirklicht, entworfen von acht Hamburger Architekten in Anlehnung an die klassische Moderne der 1920er Jahre. Aber dort hat sich die britische Besatzungsmacht nicht verfestigt: Früher als erwartet zog sie sich aus Hamburg zurück und überließ der SAGA (Siedlungs-Aktiengesellschaft Hamburg) die Vollendung des Symbols für den Wiederaufbau.

Anfang Februar 1947 hatte die Endphase der Entnazifizierungen deutscher Personen in der britischen Zone begonnen, die nach fünf Einstufungen vorgenommen wurden: Kategorie 1 betraf Kriegsverbrecher, Kategorie 2 Übeltäter; Kategorie 3 geringere Übeltäter; Kategorie 4 Anhänger und Kategorie 5 Unbelastete. In sieben Internierungslagern der britischen Zone waren 19.510 nationalsozialistisch eingestufte Personen eingewiesen worden, davon 2164 in Neuengamme. In Hamburg sind 194.000 Personen durch britische Dienststellen und deutsche Funktionsausschüsse überprüft worden; 16.300 hatten daraufhin ihre Stellungen verloren, weitere 30.000 Fälle sollten bis Ende April 1947 zum vorläufigen Abschluss der Entnazifizierungen erledigt sein. In vier unterschiedlichen Ausschüssen wirkten 2064 Hamburger, davon 620 Gewerkschaftsangehörige, ehrenamtlich an der Entnazifizierung mit.

Es gab aber auch Erfreuliches zu berichten, wenn auch meist nur aus dem privaten Bereich. Am 11.3.1947 war die erste deutsch-britische Hochzeit zu melden: Eine Rahlstedterin heiratete einen englischen Feldwebel. Zwei Wochen später machten sich vierzig „glückstrahlende Hamburger Bräute", wie zu lesen war, im Hamburger Hafen auf die Reise nach England, um dort einen Angehörigen der britischen Streitkräfte zu ehelichen. Eine von ihnen, Tochter eines Hamburger Hafenlotsen, erhielt von ihrem Vater einen Strauß Maiglöckchen aus den Vierlanden. Die Hochzeit sollte am Ostermontag 1947, den 7. April 1947, sein, der zukünftige Ehemann, 32 Jahre alt, hatte bereits ein Haus gekauft und eingerichtet. Im Mai 1947 wollten bereits mehr als 3600 britische Soldaten in ihrer Zone eine deutsche, zuvor von den Besatzungsbehörden geprüfte und von ihr „genehmigte" Braut heimführen – im wahrsten Sinne des Wortes, denn bald nach der Heirat in Deutschland musste der Ehemann das Land verlassen.

Ihre Verlobung geben bekannt: LISA OFFEN u. CAPT. J. A. WATSON R. A. O. C. Gr.-Hansdorf bei Hamburg / Lincoln/Engl. Febr. 1947.

Aufgelesen

■ Seit dem 1.April 1946 ist jeder *Zuzug nach Hamburg* – auch für Evakuierte – gesperrt. Bereits erteilte Genehmigungen werden rückgängig gemacht. Lediglich Fachkräften aus Mängelberufen ohne Familie und Anspruch auf Wohnraum wird die Einreise gestattet. Diese Maßnahme steht im Zusammenhang mit der Erfassung der Bevölkerung durch die Arbeitsämter. Sie hat u.a. die Neuverteilung von Wohnraum zum Ziel. HFP, 3.4.46

■ Die Hapag wird ihren *Seebäderdienst* Mitte April mit der KEHRWIEDER – eines ihrer fünf Seebäderschiffe – wieder aufnehmen. Ziel der zweimal wöchentlich stattfindenden Fahrten ist Hörnum auf Sylt. HFP, 3.4.46

■ Dem *Bruttovermögen Hamburgs* von fast 1,7 Mrd. Reichsmark stehen Schulden von 344 Mill. RM gegenüber, so dass der Reichsbank ein Reinvermögen von 1,35 Mrd. RM gemeldet werden konnte. 37 Prozent des Gesamthaushalts werden für Personalkosten einschließlich Ruhegehälter und Hinterbliebenenversorgung aufgewendet. Für diesen erheblichen Aufwand ist vor allem der Krieg mit seinen Folgen verantwortlich. HFP, 23.10.46

■ Die Problematik des vorläufigen Wahlrechts ist mit den Ergebnissen der *Bürgerschaftswahl* des Wahlkreises Hamburg am 13. Oktober 1946 besonders deutlich geworden. Die SPD erhielt bei nur 43,8 Prozent der Stimmen 83 der insgesamt 110 Sitze, die CDU mit 27,2 Prozent nicht mehr als 16. Mit 18,5 Prozent Stimmenanteil entfielen auf die FDP sieben, auf die KPD mit 10,5 Prozent vier Sitze. Somit hatte die SPD mit nur gut zwei Fünfteln aller Stimmen eine Dreiviertelmehrheit im Parlament. Funktionäre und Fraktion der SPD haben einstimmig und mit großer Begeisterung Max Brauer als Ersten Bürgermeister Hamburgs und den bisherigen Zweiten Bürgermeister Adolph Schönfelder (1875–1966) als Präsidenten der Bürgerschaft nominiert. Angesichts der Mehrheitsverhältnisse kommt der Wahl nur formale Bedeutung zu. Der bisherige Bürgermeister Rudolf Petersen (1878–1962) ist von seinem Amt zurückgetreten, bleibt aber mit dem zurzeit amtierenden Senat bis zur Wahl weiter im Amt. HFP, 23.10.46

■ 400 Schausteller werden auf den drei Hamburger Weihnachtsmärkten – Moorweide, Spielbudenplatz, Große Allee – vertreten sein. Im Frühjahr soll das Heiligengeistfeld wieder für den traditionellen *Hamburger Dom* freigegeben werden. HFP, 27.11.46

■ Der Plan der Besatzungsbehörden, mitten im Katastrophenwinter 1946/47 die beiden *Elektrizitäts-Großkraftwerke* Hamburg zu demontieren, hatte in Öffentlichkeit und Politik zu erheblicher Entrüstung geführt. Wie der britische Zivilgouverneur für Hamburg jetzt dazu erklärte, bestehe zumindest zur Zeit keine Absicht, die Werke abzubauen. DW, 11.1.47

■ Die Hamburger SPD-Bürgerschaftsfraktion hat einen deutsch-englischen Ausschuss zur Überwachung der *Reparationsfrage* gefordert: Auch Patente und Kenntnisnahme in Form von Wissen müssten als Reparationen anerkannt werden. In Hamburg erschienen ausländische Kommissionen, besichtigten Betriebe und ließen sich Geheimnisse der Produktion mitteilen, ohne dass der Wert dieser Entnahmen registriert wird. HE, 17.1.47

■ Der Senat hat beschlossen, die Schreibweise der Silben „fleth", „flet", „beck" und „wärder" in Gebietsbezeichnungen und daraus abgeleiteter Straßennamen in „fleet", „bek" und „werder" zu ändern. HE, 11.2.47

■ Der frühere US-Präsident *Herbert Hoover*, der jetzt die Versorgung der Bizone koordiniert, hat in Hamburg die Ministerpräsidenten der britischen Zone empfangen. Das Gespräch fand in dem nur spärlich geheizten Konferenzsaal der Militärregierung statt, so dass Hoover seinen Mantel anbehielt und sich in eine Wolldecke hüllte. Bürgermeister *Max Brauer* nannte die aktuelle Situation die schlimmste Krise der Stadt. Hoover entgegnete, dass unter realen Gesichtspunkten und bei allem Hilfswillen Englands und der USA wie nach jedem Krieg zunächst die augenblicklichen Verhältnisse ins Gleichgewicht gebracht werden müssten. HE, 7. + 11.2.47

■ Als gefragter Tagungsort hat Hamburg größte Schwierigkeiten mit der *Unterbringung der Gäste*. Den Veranstaltern wird empfohlen, die Termine abzustimmen und, da den Beherbergungsbetrieben Bettwäsche fehlt, die Teilnehmer zum Mitbringen eigener Bettwäsche zu veranlassen. Wohnungsinhabern, die aufgrund mangelnder Unterbringungsmöglichkeiten des Beherbergungsgewerbes primitive Schlafstätten zu Wucherpreisen anbieten, werden hohe Strafen angekündigt. HE, 11. + 14.2.47

■ Aufgrund des *Kontrollratsgesetzes 46*, das am 1. März 1947 veröffentlicht wird, werden der Staat Preußen, seine Regierung und seine Abteilungen aufgelöst. DW, 27.2.47

■ Das schwedische Fluchtkapital-Büro hat zahlreiche Großtiere, darunter fünf Elefanten, sowie Stallwagen und -zelte des *Zirkus Hagenbeck,* der sich seit 1944 dort aufhielt und wegen Einreiseschwierigkeiten nicht nach Hamburg zurückkehren konnte, beschlagnahmt. Der Betreuer der Elefanten, Hugo Schmitt, übergab daraufhin auf einer Straßenkreuzung Malmös seine Dickhäuter einem Verkehrspolizisten. HFP, 8. + 12.3.47

■ *Liebe Redaktion! Wir sind hier mehrere Kriegsgefangene aus Hamburg im Alter von 20 bis 23 Jahren auf einem einsamen Kommando tief in den Alpen Südfrankreichs. Haben Sie irgendwo in Ihrer Zeitung ein Eckchen frei, um unseren Herzenswunsch zu veröffentlichen? Trotz Stacheldraht und schwerer Arbeit haben wir den Glauben und die Hoffnung auf eine schöne und sonnige Zukunft nicht verloren. Doch dazu gehört ein liebes und herziges Mädel aus unserer Heimat. Ob uns wohl jemand schreiben will, um damit den Grundstein zu legen – zur Brücke Heimat-Kriegsgefangenschaft? Es grüßt Sie und die Heimat auf das herzlichste auch im Namen meiner Kameraden. G.A., Gef. Nr. 1 202 052 052, Depot 144, Barraux (Isère)*
HA, 18.3.47

■ Fräulein Zassenhaus aus Hamburg wurde in Kopenhagen die dänische *Rote-Kreuz-Medaille* für ihre Hilfe, die sie Dänen in KZ-Lagern verschaffte, überreicht. Sie ist die einzige Deutsche, die diese Auszeichnung trägt. HE, 25.3.47

■ Unter Leitung von Prof. Karl Schiller hat eine Kommission im Auftrag der britischen Militärregierung die *Möglichkeiten wirtschaftlichen Aufbaus in Hamburg* untersucht und einen Leitfaden für entsprechende Maßnahmen herausgegeben. Die Veröffentlichung geht ausgiebig auf die Industrie ein; Handel und Verkehr sind, obwohl für Hamburg von entscheidender Bedeutung, etwas zu kurz gekommen. Die Wirtschaft Hamburgs hätte es begrüßt, wenn ihre Eigenarten der Militärregierung genauer auseinander gesetzt worden wären. Was ist unter typisch Hamburger Freihafenindustrie zu verstehen, was unter spezifischer Arbeitsweise von Im- und Export? Damit soll aber dem Schiller-Plan der positive Wert abgesprochen werden. HA, 25.3.47

Erfrorener hatte „nichts zu heizen und nur markenmäßig zu essen"

Ärzte hilflos – Krank zu Hause und minus fünf Grad im Zimmer

Die letzten Monate 1946 und das erste Vierteljahr 1947 haben sich unter mehreren Bezeichnungen in den Annalen der norddeutschen Zeitgeschichte verewigt. Hungerwinter, Kältewinter, Todeswinter – so die häufigsten. Keiner, der damals bereits auf Jahrzehnte seines Lebens zurückblickte, konnte sich an eine derart grausame Periode erinnern: Völlig unzureichende Ernährung, ohne einen auch nur bescheidensten Ansprüchen genügenden ausreichenden Vorrat an Brennstoff und häufig katastrophale Wohnverhältnisse – das war die Realität, die eine Großstadt wie Hamburg besonders hilflos den Umständen auslieferte.

Die bereits seit mehr als einem Jahr vom Ernährungsnotstand heimgesuchten Menschen erlebten 1946 einen warmen Sommer, der zumindest einen Teil ihrer Sorgen zudeckte. Bereits Ende Oktober 1946 aber meldete sich der erste Vorbote des Winters mit Ostwind und heftigen nächtlichen Minusgraden, der zwar Anfang November kurz nachließ, kurz darauf jedoch wieder mit Frosttemperaturen zurückkam, um aber zur frühen Monatsmitte doch noch einem erträglichen Spätherbst Platz zu machen. Am 21. Dezember 1946 aber fiel das Thermometer auf minus 21 Grad, um allerdings kurz darauf einem Weihnachtstauwetter zu weichen. Doch schon am 6. Januar 1947 waren die Temperaturen in Nordwestdeutschland bei scharfem Ostwind auf minus 17 Grad gefallen, am 7. und 8. Januar wurden Nachttemperaturen um minus 20 Grad gemessen. Danach, um den 20. Januar herum, so das meteorologische Amt Nordwestdeutschland, werde aber die Gewalt des Winters im Wesentlichen gebrochen sein.

Das war, wie häufig bei Wetterprognosen, nicht der Fall. Denn exakt einen Tag später, am 21. Januar 1947, brach erneut eine Kältewelle über den Norden Europas herein. Am 25. Januar erstarrte Hamburg unter minus 26 Grad. Einen Monat später, am Morgen

Hamburg

Bisher 65 Kältetote

Hamburg am schwersten betroffen

Mit 65 Erfrorenen seit Beginn des Winters hat Hamburg von allen Großstädten der britischen Zone die höchste Zahl an Todesopfern zu verzeichnen. Unter den Opfern befinden sich 37 Männer, 22 Frauen, vier Jungen und zwei Mädchen.

*

Krankheit und Tod, die unvermeidbaren Folgen der schlechten Ernährung und der Kälte, greifen in Hamburg erschreckend um sich. So sind seit Beginn der zweiten starken Kältewelle die Grippeerkrankungen der Berufstätigen auf rund 5400 gestiegen, das ist 1 % aller Versicherten. Die Erkrankungen an Lungenentzündung sind von 100 im Dezember auf 460 im Januar gestiegen und die Todesfälle aus dieser Erkrankung von 47 auf 217. Als Folge der körperlichen Schwäche wird von ärztlicher Seite die hohe Zahl der Todesfälle an Gehirnschlag und Herzkrankheiten bezeichnet. Es starben daran im Januar 262 bzw. 385 Personen.

Hamburger Freie Presse, *22. Februar 1947.*

Hamburger Allgemeine, *3. Januar 1947.*

Der Segen des Weihnachtsbaums von 1946

Zeichnung: Wep

des 24. Februar 1947, war Hamburg und sein Umland mit minus 19 Grad die kälteste Region der britischen Zone und Deutschlands überhaupt. Seit 40 Tagen bereits herrschte ununterbrochen strenger Frost und Hamburg litt unter der längsten und stärksten je erlebten Periode arktischer Kälte. Zudem bestand keine Aussicht auf baldige Änderung: Die Hansestadt blieb nach wie vor unter dem Einfluss der kalten Bodenluftströmungen aus Osteuropa.

Und abermals wurden falsche Hoffnungen geweckt. Ende Februar hieß es, der Winter bereite seinen Rückzug vor: Bei reichlich Schnee herrschte in der britischen Zone ruhiges Strahlungswetter bei Nachttemperaturen um minus 10 Grad. Aus Südwesteuropa sei ein Vorstoß an Warmluft zu erwarten. Ob aber das ersehnte Tauwetter länger Bestand haben werde, sei nicht abzusehen. Indes: Am 12. März 1947 setzte mit Rekordwerten der Märzkälte von abends minus 13 Grad wieder Ernüchterung ein. Doch tröstend wurde Südost-, später Südwind vorausgesagt und Milderung in Aussicht gestellt. In der Tat: Am 18. März schließlich blies ein Sturmtief von der südlichen Nordsee übers Land und läutete das ersehnte Ende des Nachwinters ein. Mit einem neuen Tief hatte sich weitere Warmluft und damit Tauwetter angekündigt, Kälterückfälle dürften nur noch leichte Nachtfröste bringen.

Bis zum 8. Januar 1947 waren bereits 27 Menschen in Hamburg erfroren. Knapp zwei Wochen später waren 36 der Kälte zum Opfer gefallen, einen Monat darauf, zum 20. Februar 1947, hatte sich die Zahl der Toten auf 65 erhöht, um zum Monatsende März auf 85 empor zu schnellen – erheblich mehr Männer als Frauen, die weitaus überwiegende Zahl der Toten war zwischen 60 und 80 Jahre alt. Von 26 Erfrorenen wurden die Wohnverhältnisse veröffentlicht: neun in bombenbeschädigten Häusern, je drei in Kellerwohnungen und Wohnlauben, je einer auf einem Kahn und in einer Baubude, zwei in Siedlungshäusern, sieben in normalen Wohnhäusern. Typischer ärztlicher Befund: „Hatte nichts zu heizen und nur markenmäßig zu essen".

Doch bereits im Dezember 1946 waren 50 Hamburger dem strengen Frost erlegen. Da die von Hunger geschwächten Menschen gerade für Kältekrankheiten anfällig waren, sind Hunderte von ihnen nicht allein an ihrem Leiden gestorben, sondern in starkem Maße durch das Fehlen körperlicher und seelischer Reserven.

Bretterbuden, Lauben, Verschläge – Zufluchtstätten ausgebombter Hamburger, Vertriebener und Flüchtlinge, die die Härte des Katastrophenwinters 1946/47 in besonderer Drangsal durchleben mussten. Foto: Denkmalschutzamt Hbg., Bildarchiv/Germin

Eine Kellerwohnung in Hamburg – nur notdürftig zu heizen, ohne sanitäre Ausstattung. Ihre Bewohner waren der Kälte im besonderen Maße ausgesetzt.
Foto: Denkmalschutzamt Hbg., Bildarchiv/Beutke

Von 116 mit Lungenentzündung im Dezember 1946 in Hamburger Kliniken behandelten Kranken starben 78. Im Januar 1947 wurden 500 Fälle von Lungenentzündung festgestellt, von denen 224 zum Tode geführt haben. Seit Beginn der Kältewelle am 21. Januar war die Zahl der Hamburger Grippekranken unter den Erwerbstätigen innerhalb eines Monats auf 5400 gestiegen. Als Folge der körperlichen Schwäche wurde von ärztlicher Seite die hohe Zahl von Todesfällen an Gehirnschlag (262) und Herzkrankheiten (385) eingestuft. Nach einer Statistik der Hamburger Gesundheitsverwaltung starben zwischen dem 2. Februar und dem 8. März 1947 103 Personen an Tuberkulose der Atmungsorgane, 169 an akuter Lungenentzündung und 35 an Grippe. Einschließlich der Erfrierungen wurden 144 tödliche Unglücksfälle registriert – und 39 Selbsttötungen. Durch Entbehrungen hervorgerufene Krankheiten und Kälte zusammen hatten bereits im Januar 1947 schätzungsweise 1000 Todesopfer in Hamburg gefordert.[1] Die 26 Standesämter Hamburgs registrierten im Januar und Februar 1947 mit 5684 fast doppelt so viele Sterbefälle wie Geburten (3062).

Eine erhebliche Zunahme von Erfrierungen, Lungenentzündungen und Grippe, besonders bei Bewohnern von Lagern und Wohnlauben: Die 40 Krankenhäuser der Stadt konnten bald keine Patienten mehr aufnehmen. Da erwies es sich als Segen, dass kurz zuvor das Krankenhaus Rissen seiner Bestimmung übergeben worden ist. Dennoch fanden längst nicht alle in Frage kommenden Patienten Aufnahme in Hospitälern – es fehlten Betten, es fehlte Brennstoff. Das Gesundheitsamt stand dieser Katastrophe machtlos gegenüber. Es machte sich große Sorgen um die Hauskranken, die zum Teil bei Raumtemperaturen von minus 5 Grad in längst nicht immer ausreichend ausgestatteten Betten lagen, und um die meist bei weitem nicht vollends ausgeheilten Entlassenen aus den Heilstätten. Denn ärztliche Hausbesuche waren überhaupt nicht mehr möglich: Entweder waren die Kraftfahrzeuge der Mediziner eingefroren oder stillgelegt worden.

1 Wetterdaten und Opferzahlen unter teilw. Verwendung von „Der Todeswinter 1946/47" von Egbert A. Hoffmann, *Hamburger Abendblatt*, 11./12.1.1982.

Aufgelesen

■ Der Hamburger Verband für Leibesübungen hat mit Rücksicht auf die augenblicklichen Witterungs- und Verkehrsverhältnisse und der damit zusammenhängenden wirtschaftlichen Lage der Bevölkerung bis auf weiteres die *Einstellung des hamburgischen Sportbetriebes* verfügt, um die Sportler vor gesundheitlichen Schäden zu bewahren. HA, 10.1.47

■ Um das Einfrieren der Leitungen in den ungeheizten Wohnungen zu verhindern, hat ein großer Teil der Hamburger Bevölkerung die Wasserhähne offengehalten. Damit wurde der *Höchststand des Wasserverbrauchs* vom vergangenen Sommer überschritten. Durch diesen ungewöhnlich hohen Verbrauch sind die Filter der Reinigungsanlagen des Wasserwerks Kaltehofe so stark beansprucht worden, dass eine Verschlammung der Becken zu befürchten ist. Deshalb müssen verschiedene Orte Hamburgs mit der Einstellung der Wasserzufuhr rechnen. Um einer Katastrophe vorzubeugen, wurde die Wasserversorgung Hamburgs bereits gedrosselt. HE, 21.1.47

■ Die *Vereisung der Nord- und Ostsee* hat die stärksten Ausmaße seit 1903 angenommen. Auf der südlichen Nordsee geht das Eis vor der niederländischen Küste 30 Seemeilen und vor der deutschen Küste 60 Seemeilen aufs offene Meer hinaus. HE, 28.2.47

■ Ein aus französischer Kriegsgefangenschaft entlassener ehemaliger Wehrmachtsangehöriger wurde in der Nähe von Plön erfroren aufgefunden. Der *Heimkehrer*, der seine Eltern überraschen und trotz anhaltenden Schneetreibens zu Fuß nach Hause wollte, ist offenbar vor Erschöpfung auf der Landstraße zusammengebrochen und erfroren. DW, 13.3.47

■ Die *Industrieproduktion der britischen Zone* wurde durch die ungünstige Wetterlage, das Zufrieren der Wasserstraßen und durch den Mangel an Energie und Feuerung im Februar 1947 erheblich beeinträchtigt. 60 Prozent der Maschinenfabriken mussten geschlossen werden, in der Hälfte der übrigen kann nur zeitweise gearbeitet werden. HFP, 19.3.47

■ Das *Eis der Hamburger Alster* ist noch 50 cm dick. Spezialschiffe sollen jetzt die Hauptfahrrinne aufbrechen. Da sie jedoch einen zu großen Tiefgang haben, wird das Randgebiet unbearbeitet bleiben, das Eis muss also natürlich auftauen. In voraussichtlich drei Wochen wird die Alsterschifffahrt wieder möglich sein. HA, 1.4.47

Hamburg im Januar 1947 – eine kälteklirrende Trümmerwüste, nur das Nichts im Überfluss, aber nach wie vor eine selbstlaufende Bürokratie; aufs Korn genommen von dem Karikaturisten Mirko Szewczuk (1919–1957). Aus: DIE ZEIT

1500 Kalorien – aber nicht sicher

Mit sieben Gramm Fett und zwei Gramm Käse über die Runden kommen

Der Mensch verzehrte sich, um den Lebensbetrieb aufrecht zu erhalten

AM 28. MÄRZ 1947 BEGANN DIE (bis zum 27. April 1947 dauernde) 100. Zuteilungsperiode für Lebensmittel auf Karten. Diese Rationierungsepochen hatten am 27. August 1939, fünf Tage vor Ausbruch des Zweiten Weltkriegs, ihren Anfang: Wichtige Lebensmittel, aber auch Bedarfsartikel wie Textilien und Schuhe standen den Verbrauchern seither nicht mehr nach Wunsch und Menge zur Verfügung. Schon 1938 hatte das Haupternährungsamt Hamburg für das Gebiet der Hansestadt mit den entsprechenden Vorbereitungen begonnen – der Registrierung von Schulen, der Einrichtung örtlicher Dienststellen, dem Druck von Lebensmittelkarten nach einem Entwurf aus Berlin und mit der Verpflichtung – meist pensionierter – Beamter.

Das musste reichen: eine Tagesration im Winter 1947. Foto: Denkmalschutzamt Hbg., Bildarchiv/Andres

Die Zuteilungsmengen der 100. Periode waren – wie auch meist zuvor – für den Normalverbraucher auf täglich 1500 Kalorien bemessen. Dafür sollten ihm während der Periode zur Verfügung stehen:

- 10 000 Gramm Brot
- 1500 Gramm Nährmittel
- 125 Gramm Kaffee-Ersatz
- 12 000 Gramm Kartoffeln
- 600 Gramm Fleisch
- 500 Gramm Fisch
- 200 Gramm Fett
- 62,5 Gramm Käse
- 3 Liter entrahmte Frischmilch (Magermilch)
- 500 Gramm Zucker

Diese – weit unter dem vom Völkerbund 1936 festgesetzten Existenzminimum von 2400 Kalorien[1] täglich liegenden – Quanten sind jedoch kaum eingehalten worden. Wie das Hygienische Staatsinstitut Hamburg (Prof. Harmsen) ermittelte, hatten die ausgegebenen Lebensmittel häufig nicht die angeführten, sondern erheblich niedrigere Kalorienwerte. Enthielten zum Beispiel 100 Gramm Jagdwurst vor dem Krieg 334 Kalorien, waren es 1947 nur noch 97. Ihr normaler Gehalt an Fett war von 27 Prozent auf 1,85 Prozent gefallen, der Wassergehalt dagegen von 48 auf 75 Prozent – bei Margarine und Butter von 15 auf 22 Prozent – gestiegen. Die Hamburger Konsumgenossenschaft Produktion („Pro") bot in ihren Läden „auf halbe Marken" Jagd- und Brühwurst mit Gemüse an. Frischfleisch hatte „im Frieden", wie es landläufig hieß, pro 100 Gramm 255 Kalorien, nunmehr waren es lediglich 177.

Der Völkerbund hatte als Richtlinie für den täglichen Eiweißbedarf ein Gramm pro Kilo Körpergewicht, im Durchschnitt also 80 Gramm täglich, empfohlen, und zwar je zur Hälfte aus Fleisch und Milch/Milchprodukten wegen des Gehalts an Aminosäuren, als Rohmaterial für den Aufbau von Zellen und generell als lebensnotwendige Wirkstoffe. Für Kinder, Jugendliche und Schwan-

1 Mittlere Kalorie (cal): 100. Teil der Wärmemenge, die ein Gramm Wasser von 0 auf 100 °C erwärmt.

gere liegt der Bedarf an Eiweiß erheblich über dem genannten Satz. Die ebenso als nötig erachtete tägliche Fettzufuhr von 40 bis 60 Gramm ist in den ersten Nachkriegsjahren nirgendwo und niemals erreicht worden.

Die Hauptmenge der Nahrungszufuhr konzentrierte sich derzeit auf für die menschliche Ernährung unverwertbare Kohlehydrate: Auf 90 Prozent, so Dr. Egon Immel vom Hamburger Zentralamt für Ernährung und Landwirtschaft, war der Anteil der jetzt auf Kartoffeln und Brot aufbauenden Nahrung gestiegen, während der Anteil von Kalorien tierischer Herkunft von 32 Prozent im Jahre 1937 auf jetzt 10,8 Prozent fiel. In der folgenden 101. Zuteilungsperiode (28. April – 15. Mai 1947) war der Kalorienwert in Hamburg auf täglich 1072 und damit weit unter die Norm des Völkerbundes gesunken.

Im Stadt- und Staatsgebiet Hamburgs verschärfte sich die Situation durch die Tatsache, dass 92 Prozent der 1,47 Mill. Empfänger von Lebensmittelkarten ohne eigene landwirtschaftliche Erzeugungsmöglichkeit waren (britische Zone: 77 Prozent). Hatte Ham-

Essenausgabe in einem Bunker an der Reeperbahn. Nach einer Untersuchung des Hamburger Mediziners Prof. Dr. Bansi hatten seine Patienten ein Untergewicht von einem Drittel im Verhältnis zur Körpergröße. Die Folgen waren ein erschreckender Absturz der Leistungsfähigkeit, der geistigen Spannkraft und der Widerstandsfähigkeit gegen Krankheiten, so Prof. Dr. F.H. Rein, Universität Göttingen. Foto: Denkmalschutzamt Hbg., Bildarchiv/Andres burg nur anderthalb Prozent Teil- und Selbstversorger, waren es in der britischen Zone 18 Prozent.

Jeder vierte Hamburger hatte Anspruch auf eine Zusatzkarte mit mehr oder weniger höheren Zuteilungsmengen (insgesamt gab es in der Hansestadt 26 verschiedene Verbraucherklassen). In der Bizone sollten

- zulageberechtigte Arbeiter 288
- Teilschwerarbeiter 573
- Schwerarbeiter 1146
- Schwerstarbeiter 1719
- Bergschwerarbeiter 1758
- Bergschwerstarbeiter 2503

Kalorien täglich als Nahrungszulage erhalten; werdende und stillende Mütter 1095.

Schon im August 1946 hatten Mediziner vor den Folgen der sowohl qualitativ als auch quantitativ mangelhaften Ernährungslage gewarnt. Prof. Dr. Bansi, Hamburg, hatte von 25 Patienten mit

Eine bessere Ernährung und zusätzliche Kalorien konnte auch der Schularzt den Kindern in den Nachkriegsjahren nicht verordnen. Doch immerhin standen ihnen Vitamintabletten zu. Foto: Denkmalschutzamt Hbg., Bildarchiv

Hungerödemen den Mittelwert errechnet. Bei einer Größe von 177 cm seien 79,8 Kilo Körpergewicht normal. Die der Erhebung zugrunde liegenden Patienten wogen im Durchschnitt 54,5 Kilo, was einer Abnahme von 32 Prozent entspricht. Die Blutmenge hatte sich um 36, das Bluteiweiß um 30, die Gesamtmenge an Eiweiß um 56, der Blutfarbstoff um 30 und die gesamte Blutfarbstoffmenge um 58 Prozent, die Kreatin-Muskelmasse um 45 Prozent verringert. Die Hungerkranken hatten demnach nahezu die Hälfte ihres eigenen Muskelfleisches in ihren Erhaltungsstoffwechsel hineingeworfen – mit anderen Worten, sich selbst verzehrt, um ihren Lebensbetrieb aufrecht zu erhalten.[1]

Zu leicht befunden?

Auf belebten Straßen und Plätzen Hamburgs werden seit voriger Woche auf Anordnung der Militärregierung Fußgänger gemessen und gewogen, um Vergleiche über die Veränderung des Körpergewichts zu erhalten. Kolonnen mit Meßlatte und Waage sind unterwegs und verzeichnen gewissenhaft, wie schlank wir geworden sind. Diese Gewichtskontrolle ist der Militärregierung für die Beurteilung der Lebensmittelrationierung von großer Bedeutung.

Aprilscherz in der Erstausgabe der Hamburger Allgemeinen, *2. April 1946.*

Prof. Dr. F. H. Rein, Rektor der Universität Göttingen, stellte durch das Absenken der monatlichen Fettration von 400 auf 200 Gramm im Sommer 1946 und den gleichzeitigen Mangel an Eiweiß einen erschreckenden Absturz der körperlichen Leistungsfähigkeit, der geistigen Spannkraft und der Widerstandsfähigkeit gegen Krankheiten fest. Bei ausreichender Menge von Kohlehydraten und Eiweiß sei der menschliche Körper in der Lage, das benötigte Fett weitgehend selbst zu produzieren, so dass es nur einer geringen Zufuhr bedürfe. Wenn aber Nahrungsaufnahme bei gleichzeitigem Eiweißmangel sinkt, sei die Zufuhr von Fett immer wichtiger. Hätten bis zu Reduzierung täg-

1 *Die Gegenwart* 16/17, 24.8.46.

lich 3000 Kalorien und 100 Gramm Eiweiß zur Verfügung gestanden, hätte die Ernährungssituation als gut gegolten und die Senkung der Fettration wäre weitgehend ohne Folgen geblieben; für einen ausreichend Genährten sei eine Monatsration von 200 Gramm unbedenklich. Für den chronisch Hungernden bedeute eine Tagesration von sieben Gramm indes eine akute Gefahr. Die Fettkrise sei die schwerste Krise sowohl für die körperliche Gesundheit als auch für die politische Entwicklung und den Wiederaufbau.

Im März 1947 befanden sich in Hamburg etwa 1200 Hungerkranke in ständiger klinischer Behandlung – aber nur für die Dauer der gefährlichsten Krankheitserscheinungen. Die Entlassenen waren keinesfalls als gesund zu bezeichnen.

Den Folgen der völlig unzureichenden Ernährung im Verein mit dem überaus langen und harten Winter 1946/47, der Mangelversorgung an Brennstoff und weitgehend höchst unzulänglichen Wohnverhältnissen waren zunehmend weniger Hamburger gewachsen. Wöchentlich starben sieben Kranke an Hunger. Während die Lungenentzündung im Dezember 1946 bei 47 Kranken zum Tode führte, waren es im Januar 1947 bereits 217. Am Gehirnschlag starben im Januar 1947 262 Hamburger, an Herzkrankheiten 385 und damit an beiden Leiden doppelt so viele wie im Monat zuvor. Als Ursache attestierten die Ärzte durchweg körperliche Schwäche infolge schlechter Ernährung.

Da lag es nahe, dass die Nordwestdeutsche Gesellschaft für Innere Medizin ihre erste Nachkriegstagung im Mai 1947 in Hamburg unter das Thema „Schäden als Folge der Mangelernährung“ stellte – zumal das Gesundheitsamt der britischen Militärregierung offiziell bestätigte, dass nur zehn Prozent der Bevölkerung in ihrer Zone, die Selbstversorger nämlich, bei guter Gesundheit seien. Täglich 1550 Kalorien seien keine ausreichende Ration. Bevor sich die Folgen der Mangelernährung statistisch bemerkbar machen, habe der Hunger Gesundheit und Widerstandskraft der Menschen bereits erheblich beeinflusst.

■ *Amtliche Bekanntmachung:* Statt 100 Gramm Zucker können 125 Gramm Kunsthonig bezogen werden. Die Ration für Kaffee-Ersatz beträgt 125 Gramm. Beim Einzelhändler vorbestellter Bohnenkaffee über die Raucherkarte für Frauen erfolgt in Höhe von 40 Gramm. Speisekartoffeln stehen nicht mehr zur Verfügung. Als Ersatz wird für die Kartoffel-Abschnitte auf der Lebensmittelkarte je 500 Gramm Brot ausgegeben. Reisflocken sind in beschränktem Umfang auf Kinderkarte zu beziehen. Kinder und Jugendliche bis zu 18 Jahren erhalten acht Tabletten Vitamin C, die Sechs-bis 18-Jährigen über die Schule, die jüngeren über Abschnitte der Lebensmittelkarten in Apotheken. HE, 27.4.46

■ *Amtliche Bekanntmachung:* Verbraucher, die das kürzlich eingeführte fetthaltige Brotaufstrichmittel beziehen wollen, erhalten gegen Abgabe von Fettabschnitten von 10 Gramm 100 Gramm der Leberpaste. Dieser fetthaltige Brotaufstrich, der von der Firma Holsteinisches Margarinewerk Elbgau Hahne, von Storch & Co in Hamburg-Altona herausgebracht wurde, wird heute nach einheitlichem Rezept unter Aufsicht der namhaftesten Nahrungsmittelchemiker hergestellt. Bei dem großen Eiweißmangel, unter dem wir leiden, ist Vorsorge getroffen, dass neben dem Fettgehalt ein hoher Eiweißgehalt im Produkt enthalten ist. HE, 16.10.46

■ Als *Bekanntmachung der Militärregierung* weist das *Hauptername: Haupternährungsamt* die Bewohner der Hansestadt jetzt auf die Möglichkeit hin, ein halbes Kilo Sauerkraut beziehen zu können. Kinder und Jugendliche bis zu 18 Jahren sollen zu Weihnachten 250 Gramm Zuckerwaren erhalten. Gegen Abgabe eines Sonderabschnitts der Lebensmittelkarte wird an alle Verbrauchergruppen ein Paket Backpulver abgegeben. Für die Wintereinkellerung sollen 25 Kilo Steckrüben verteilt werden. Sie sind im November abzufordern. HFP, 26.10.46

■ Die Bürgerschaftsfraktion der FDP fragt den Senat, wer die Genehmigung erteilt hat, dass die [sozialdemokratisch geprägte,

A.S.] *Genossenschaft „Produktion"* angeblich Eiweiß erhalten hat und nicht gleichfalls auch die Mitglieder der Hamburger Bäckerinnung. Es soll sich um 12 Tonnen Eiweiß handeln, das 250.000 Klöben beigemischt wird, obwohl die Herstellung zurzeit untersagt ist. HFP, 26.3.47

■ *Amtliche Bekanntmachung:* Alle Verbraucher mit Ausnahme der Eier-Selbstversorger erhalten in der 100. Zuteilungsperiode ab sofort nach Eintreffen der Ware beim Einzelhandel auf Abschnitt 8 der Eierkarte ein Ei [Ostern: 6. + 7. April 1947, A.S.]. Die Hamburger Geflügelhalter werden noch einmal aufgefordert, ihre Ablieferungspflicht schleunigst zu erfüllen. HE, 1.4.47

Sein oder Nichtsein?

Soweit darf es nicht kommen

Hamburger Echo, 25. *Februar 1947*

Strom und Gas:
Dramatisch – 1947 dennoch Aufschwung der Wirtschaft

Ein Großteil der Kohle bleibt auf der Strecke

Versorgung mit Energie und Brennstoff auf unterster Sparflamme

Den Umständen der Zeit entsprechend fand die erste Sitzung der Bürgerschaft im eben begonnenen Jahr 1947 im ungeheizten Parlament des Rathauses statt. Die Abgeordneten und Zuhörer auf den überfüllten Tribünen hatten in Mänteln gehüllt Platz genommen, um sich dem Thema der Gegenwart zu widmen – dem Mangel an Kohle und der katastrophalen Versorgung mit Strom. Der Vorsitzende des Brennstoffausschusses der Bürgerschaft, der SPD-Abgeordnete Gustav Dahrendorf, berichtete über Todesopfer durch Erfrierungen, über die Zunahme kältebedingter Krankheiten und nannte auch den Grund für den Mangel an Energie: Von Ende Oktober bis Ende November 1946 wurde Hamburg zwar ein Kontingent von 184.000 Tonnen Kohle zugeteilt, aber nur 129.000 Tonnen, also 55.000 Tonnen zu wenig, geliefert. Vom nächsten Kontingent, Ende November bis Ende Dezember 1946, trafen statt der zugesagten 204.600 nur 135.910 Tonnen ein, es fehlten also 70.000. Mit korrekten Lieferungen wären die erheblichen Schwierigkeiten nicht eingetreten.

Senat und Bürgerschaft appellierten daraufhin sowohl an das britische Unterhaus als auch an die Militärregierung, unverzüglich Schritte zur Überwindung der Kohlenkrise einzuleiten und den Export von Elektrizität aus der britischen Zone einzustellen. Bürgermeister Max Brauer wies u.a. auf Hamburgs ohne Strom arbeitenden Krankenhäuser und auf den Tod erschöpfter Menschen in den von Kälte durchwehten Haushalten hin. Ergänzend machte der Senat deutlich, dass die Ämter in Hamburg keinen Einfluss auf die Produktion von Kohle im Ruhrgebiet hatten, ihnen fiel lediglich die Verteilung der Lieferungen zu.

Mit Entsetzen wurde zudem berichtet, dass im Zuge der Demontage deutscher Industrieunternehmen auch zwei Hamburger

Die Kohlenzüge aus dem Ruhrgebiet erreichten nur selten mit voller Ladung die Bahnhöfe in Hamburg. Für eine warme Stube setzten sogar Kinder ihr Leben aufs Spiel. Foto: Denkmalschutzamt Hbg., Bildarchiv

Elektrizitätswerke abgebaut werden sollten. Daraufhin wurde der Antrag der SPD, im Falle der Demontage von weiteren Appellen an die Besatzungsbehörden abzusehen, den Senat zum Rücktritt zu veranlassen und den Vernichtungswillen, der sich in dieser Maßnahme offenbare, vor aller Welt anzuprangern, einstimmig angenommen.

Die britische Kontrollkommission für die Stromversorgung nannte u. a. den ständig gestiegenen Elektrizitätsverbrauch Hamburgs, die Ausfuhr Hamburger Stroms nach Schleswig-Holstein, das Ausbleiben zugesagter Lieferungen und den Ausfall von Transportmöglichkeiten – mangels Stahl und Holz Reparaturstau bei Lokomotiven und LKW und sowie zugefrorene Wasserstraßen – als Gründe für die Energiekatastrophe.

Bereits vor der Neujahrssitzung der Bürgerschaft 1947 war der Zeitungsleser gründlich über die besorgniserregende Versorgungslage Hamburgs mit Energie und Brennstoff informiert worden.

Seit Jahresbeginn 1947 erhielten nur noch öffentliche Betriebe und die Ernährungsindustrie Elektrizität. Der Tagesverbrauch der Hansestadt von 2077 Tonnen Kohlen musste auf 1500 Tonnen reduziert werden. Gaststätten, Kinos und Theater hatten wegen Mangels an Strom um 19 Uhr zu schließen. Unmittelbar darauf traf es neben Industrie und Gewerbe die Haushalte: Nun wurde jeder Stadtteil Hamburgs zweimal die Woche von 7 bis 22 Uhr gänzlich vom Netz genommen, in dringenden Fällen auch darüber hinaus. Der Verkehr von Hoch- und Straßenbahn hatte zwischen 10 und 15 Uhr zu ruhen. Die S-Bahn, damals auch noch als Vorortsbahn bekannt, schränkte ihren Verkehr wesentlich ein, konnte aber auf Energie aus bahneigenen Kraftwerken zurückgreifen. Ladengeschäfte durften nur noch zwischen 9 und 15 Uhr, Büros bis 17 Uhr Strom entnehmen. Lediglich Betrieben zur Versorgung mit Nahrungsmitteln war der Stromverbrauch genehmigt. In der Gastronomie waren indes Gaststätten und Mittagstische von der Sperre ausgenommen: Die Hamburgischen Electrizitätswerke HEW erklärten dazu, in erster Linie sei für eine warme Mahlzeit der Bevölkerung zu sorgen, erst danach könne auch an die Vergnügungsstätten gedacht werden.

In der ersten Januarwoche 1947 verbrauchten die HEW 15.500 Tonnen Kohle, aufgrund der Transportprobleme konnten aber nur 11.700 Tonnen aus dem Ruhrgebiet geliefert werden. Mitte Januar waren bei den HEW schließlich noch Vorräte für vier Tage auf Lager – von allerdings schlechter Qualität mit einer Minderleistung von 25 Prozent. In bereits 390 Betrieben mit 17.000 Beschäftigten ruhte die Tätigkeit. Bei den Zwei-Tage-Abschaltungen ergab sich das Problem, dass Nichtsperrgebiete häufig zu früh vom und Sperrgebiete zu spät wieder an das Netz genommen worden sind. Grund dafür: Eine Abschaltung erforderte etwa 400 Schaltungen von insgesamt anderthalb Stunden, die Gesamtabschaltungen etwa 1100. Dadurch wurden die überaus empfindlichen Hochspannungsschalter so stark in Mitleidenschaft gezogen, dass sich diese Maßnahmen auf Dauer nicht durchführen ließen.

Am Ende der ersten Februarwochen 1947 hatten die HEW nur noch einen Kohlenvorrat für zweieinhalb Tage, die Gaswerke für fünf Tage; zudem hatte „Hein Gas“ täglich 200 Tonnen Kohle einzusparen. Dadurch verringerte sich der Gasdruck derart, dass er zum Kochen nicht mehr ausreichte. Die Krankenhäuser schlugen Alarm, weil ihre Versorgung mit Gaskoks in höchste Gefahr geriet.

Die Bäckereien hatten ihre letzte Zuteilung aus Lagerbeständen erhalten. Der nach den jüngsten Abschaltungen sich langsam wieder erholenden Industrie der Hansestadt drohte abermals ein Stillstand. Die HEW sahen sich jetzt nur noch für eine Tagesversorgung von zwei Stunden zwischen 7 und 17 Uhr in der Lage, die ohnehin schon reduzierten Betriebszeiten des Nahverkehrs wurden weiter eingeschränkt: Mit Ausnahme der Strecken Kellinghusenstraße–Ochsensoll und Kellinghusenstraße–Walddörfer bei Beibehaltung der Sperrzeit 10 bis 14 Uhr war die Hochbahn stillgelegt, nicht jedoch die Straßenbahn; Betriebsschluss für beide war um 20 Uhr. Die eigenversorgte S-Bahn konnte ihren Betrieb bis auf Weiteres aufrecht erhalten, sonntags allerdings nur bis 13 Uhr. Die Reichspost wies auf erhebliche Störungen im Fernsprech- und Zustellbereich hin: Infolge fehlender Notbeleuchtung war das Sortieren der Sendungen nur mit spürbaren Verspätungen zu bewerkstelligen. 100 Hamburger Schulen hatten wegen Kohlenmangels den Unterricht eingestellt, weitere Schließungen standen bevor. In noch heizbaren öffentlichen Gebäuden – auch Schulen – wurden öffentliche Wärmehallen eingerichtet.

Nach alledem waren weitere Einsparungen nicht mehr möglich. Mit einer Verbesserung der Situation war erst nach Ende der Kälteperiode zu rechnen. Hamburg stand also vor dem völligen Zusammenbruch. Durch die Stromsperre hatten bereits 38.500 Berufstätige zumindest vorübergehend ihre Beschäftigung verloren. Allerdings war die Massenverpflegung durch Deutsche Hilfsgemeinschaft und Rotes Kreuz – täglich über 225.000 Portionen – sichergestellt.

Aber eine Woche später, am 21. Februar 1947, konnten die Hamburger Tageszeitungen über eine leichte Entspannung berichten: Die britische Militärregierung stellte eine Tagesversorgung von 3900 Tonnen Kohlen in Aussicht. Unter normalen Umständen benötigten die HEW 2600 Tonnen täglich, durch das Notprogramm war der Verbrauch auf 1100 bis 1400 Tonnen gesunken. Nun erhielten die HEW von den neuen Lieferungen täglich 1900, die Gaswerke für Kochzwecke der Haushalte und Belieferung der

Krankenhäuser mit Koks 700 Tonnen, das Landeswirtschaftsamt konnte über den Rest verfügen.

Doch abermals machte die Wetterlage die Planungen zunichte. Anfang März 1947 blieben durch heftige Schneeverwehungen die Kohlentransporte aus. Die für Hamburg bestimmten Güterzüge waren zwar in vollem Umfang abgefahren, steckten jedoch auf der Strecke fest – insgesamt 40 Einheiten. Ein aus diesem Anlass verkündetes „Äußerstes Notprogramm" – Einstellung der gesamten Stromlieferung mit Ausnahme der Wasser- und Gaswerke, der Entwässerung, der Reichspost und ernährungsnotwendiger Betriebe – brauchte jedoch nicht in ganzer Tragweite in Kraft zu treten, weil nach Verhandlungen von Bürgermeister Max Brauer mit der Militärregierung und der Reichsbahn eine Überbrückung des abermaligen Notstands erreicht worden war. Die Bahn wollte sieben Extrazüge nach Hamburg in Marsch setzen – unter Einsatz von Lokomotiven, die von Personenzügen abgekoppelt werden sollten. Über ihre Gewerkschaft hatten die Eisenbahner versprochen, unter Aufbietung aller Kräfte Tag und Nacht Schienen und Weichen vom Schnee zu befreien.

Aber ohne den kräftezehrenden Einsatz der Hafenarbeiter Hamburgs wären Strom und Gas nicht zu erzeugen gewesen. Die gewaschene, noch nass verladene Feinkohle haftete in einer Stärke von einem halben Meter festgefroren und hart wie Beton auf den Böden der offenen Güterwagen. Bevor also diese Unterschicht am Holthusenkai per Kran auf Schuten zum Weitertransport in die Werke verladen werden konnte, musste sie in greifbare Brocken zerschlagen werden – per Hand und Picke von Arbeitskräften, die auf die ernährungsstärkende Lebensmittelkarte für Schwerstarbeiter, auf Schuhe und Arbeitszeug warteten.

Endlich, im zweiten Drittel des März 1947, trat nach Eintreffen der planmäßigen Kohlenzüge eine Entspannung der Energie-Notlage ein. Erstmals seit entbehrungsreichen Wochen war in den Haushalten Hamburgs wieder Strom und Gas verfügbar. In Etappen sollten auch im Nahverkehr Verbesserungen eintreten.

Damit konnte sich im Rahmen der Umstände die Wirtschaft erholen. 1947 erreichte die Industrieproduktion Hamburgs trotz größter Schwierigkeiten in der Kohlen- und Stromversorgung immerhin einen Wert von 1,1 Milliarden Reichsmark (RM) – trotz erheblichen Mangels an Rohstoffen und Arbeitskräften. Daran war zum überwiegenden Teil (85 Prozent) die für die Hansestadt typische Industrie beteiligt: Nahrungsmittel und Verbrauchsgüter einschließlich Chemie. 59 Prozent aller Arbeitnehmer Hamburgs hatten ihren Erwerb in diesen Zweigen. 34 Prozent arbeiteten in der Produktionsgüter- und nur sieben Prozent in der Grundstoffindustrie. Den größten Anteil an den Produktionswerten hatte mit 600.000 RM das heimische Handwerk.

Dass Hamburg überleben konnte, war den damals wichtigsten Trägern der deutschen Wirtschaft und Versorgung, dem Bergbau und der Bahn, zu verdanken. Die Kumpel von der Ruhr, die Lokführer, Heizer, das Zug- und Schienenpersonal waren zu überlebensnotwendigen Arbeitskräften geworden.

Mehr als 226.000 Beschäftigte im Steinkohlebergbau, unter ihnen über 90.000 Hauer unter Tage, brachten im Januar 1947 das schwarze Gold auf die Förderbänder, pro Mann und Schicht fast 1,3 Tonnen pro Tag. Um die Förderung zu steigern, wurden mit Anzeigen auch in Hamburger Tageszeitungen wie *Durch den Bergmann Licht, Gas, Wärme, Kraft und Arbeit – ohne ihn nichts!* um Arbeitskräfte für den Ruhrbergbau geworben. Als Anreiz diente nach Vorbildern in England und den Niederlanden ein neues Punktesystem. Bergleute und Lehrlinge unter Tage erhielten 105 Punkte, wovon 41 zum Erwerb von Lebens- und Genussmitteln festgesetzt waren: 750 Gramm Speck, 500 Gramm Kaffee, 250 Gramm Zucker, zwei Flaschen Alkohol und 100 Zigaretten, der Rest war für Konsumgüter frei. Arbeiter unter und über Tage mit geringerer körperlicher Beanspruchung bekamen weniger. Da Frauen und Jugendliche bei der Zuteilung von Alkohol und Zigaretten nicht berücksichtigt wurden, erhielten sie zum Ausgleich Süßigkeiten und Zucker.

Diese Anreize hatten Erfolg. Aus der britischen Zone meldeten sich wöchentlich etwa 2500 neue Arbeitskräfte, darunter in großem Maße 18- bis 22-Jährige, die Tagesförderung stieg im Durchschnitt von 209.543 auf 267.538 Tonnen – eine Leistung, die im März 1947 der Oberbefehlshaber der britischen Besatzungszone, Luftmarschall Sir Sholto Douglas, ausdrücklich würdigte: Die Antwort der Bergleute auf den dringenden Ruf nach Kohle war hervorragend. Der Marschall gab der Hoffnung Ausdruck, dass die Öffentlichkeit das auch zu schätzen wisse.

Doch zuvor, im Januar/Februar 1947, war der Bergbau in eine Krise geraten. Weil es weder Grubenkleidung noch Schuhe mehr gab und auch die Wohnmöglichkeiten für neue Kumpels erschöpft waren, wurden nicht nur keine neuen Arbeitskräfte mehr eingestellt, sondern auch schon Urlaube verfügt. Zudem fehlte es trotz zahlreicher Freiwilliger an erfahrenen Bergleuten, so dass fertige Schachtanlagen stillgelegt werden mussten und neue nicht vorbereitet werden konnten.

Ein Entgegenkommen der Ruhrkumpels Hamburg gegenüber hat zu einem bis heute bestehenden kulturellen Großereignis geführt. Um den Hansestädtern auch in schwerster Zeit darstellende Kunst bieten zu können, fuhren im Katastrophenwinter 1947 Mitglieder Hamburger Ensembles ins Ruhrgebiet, um Kohlen „zu organisieren". Ihre Bitte stieß bei den Kumpels der Zeche Ewald–König Ludwig in Recklinghausen auf offene Ohren. Sie fuhren für die Hansestädter eine Extra-Schicht im Schacht, deren Ausbeute an den Besatzungsbehörden vorbei ihren Weg an die Elbe fand. Im Sommer 1947 bedankte sich Hamburg in Recklinghausen mit Gastspielen das Schauspielhauses, der Staatsoper und des Thalia-Theaters, was zu den dann regelmäßig stattfindenden Ruhrfestspielen Recklinghausen führte.

Mit welchen Schwierigkeiten die Bahn während der Kältekatastrophe 1947 in der britischen Zone zu kämpfen hatte, wurde u.a. mit 1316 Kilometer zerstörter oder beschädigter Strecke, 3428 Kilometer Gleis, fast 13.000 Weichen und Kreuzungen, 14 Tunneln, 2400 Brücken in einer Gesamtlänge von 50 Kilometern und mehr als 49.000 Stellwerken deutlich. Von einst 15.371 Lokomotiven waren noch 6403, von 25.500 Personenwagen 15.349, von 322.500 Güterwagen 198.000 einsatzfähig. Bis zu zwölf-, in einem Fall 18-mal mussten die Lokomotiven von Kohlenzügen ausgewechselt werden.

Mitte Februar 1947 lagen 600 abfahrbereite Güterzüge, davon 19 für Hamburg, fest: Die Lokomotiven waren ausgefallen, weil sie unter freiem Himmel stehen mussten. Über die stehen gebliebenen Züge machten sich organisierte Kohlendiebe ans Werk und stahlen bis zu 70 Prozent der Ladung. Wegen schlechter Qualität der Kohle und daraus entstehenden Mangels an Dampf blieben etwa 2000 Loks auf der Strecke liegen.

Durch den kriegsbedingten Ausfall von Güterwagen und Lokomotiven mussten im Februar 1947 täglich 58.000 Tonnen Kohle auf Halde genommen werden. Da auch die Wasserwege zugefroren waren, gab es keine Alternative. Die Folge: Während die Kälte das Leben bis ins Existenzminimum und oft auch darüber hinaus bedrohte, lagen im Januar 1,25 Millionen Tonnen Steinkohle und mehr als eine halbe Million Tonnen Koks zum Abtransport auf Halde.

Vergebens hofften die schwerstarbeitenden unter den Eisenbahnern wie die Bergleute auf ein Punktesystem, ihnen wurden jedoch nur eingeschränkte Zusätze von durchschnittlich 200 Kalorien in Form von Fleisch und Fett zugestanden. Beim Fahrpersonal sah es etwas besser, aber längst nicht zufrieden stellend aus: Während der Heizer eines Güterzuges pro Tag 4010 Kalorien in seinem Körper verbrannte, konnte er ihm lediglich 2800 zuführen. Ein Rangierer verbrauchte fast 3500 Kalorien pro Schicht, hatte aber nur 1750 zur Verfügung.

Fazit der Transportmisere: Nach Überwindung der Kohlenkrise, so die Prognose, könnte eine Belebung der Wirtschaft an der unzureichenden Leistungsfähigkeit der Verkehrsmittel scheitern.

Nach dieser Kältekatastrophe 1947 sollte in Zukunft auch die Versorgung der Bevölkerung verbessert werden. Dafür hielt der Verwaltungsrat für Wirtschaft der britischen Zone je Haushalt einen Wintervorrat 1947/48 von sechs Zentnern Braunkohlenbriketts oder eines entsprechenden Gegenwerts in Steinkohle für ausreichend, wogegen der Brennstoffausschuss der Hamburger Bürgerschaft schwerste, auch an die Militärregierung gerichtete

Bedenken erhob: Es müssten mindestens 25 Zentner je Haushalt sein. Bleibe es bei der geringen Zuteilung, werde dies erneut zu einer bedrohlichen Zunahme der Kohlediebstähle führen – eine zu jener Zeit fast schon als unabänderlich hingenommene Tatsache.

Und der hatte der Hamburger Senat Ende März 1947 drastische Gegenmaßnahmen angekündigt. Denn obwohl Strom und Gas wieder verfügbar waren, hielten die Diebstähle von Kohlen an – nun nicht mehr vor allem für den Eigenverbrauch, sondern für den Schwarzen Markt. Ab jetzt würde die Polizei auch von der Schusswaffe Gebrauch machen. Zum letzten Mal erging an die Bevölkerung die Auforderung, sich von Bahngeländen fernzuhalten, sonst begebe man sich in Lebensgefahr. Schon seit Ende Februar waren 1100 Polizeibeamte speziell auf den Kohlendiebstahl aus Güterwagen angesetzt.

Im Dezember 1946 waren im Gebiet der Reichsbahndirektion Hamburg 2600 Diebe, die es größtenteils auf Kohle abgesehen hatten, festgenommen worden, im Januar 1947 waren es täglich

In Erwartung des Kohlenzuges aus dem Ruhrgebiet. Um dem Diebstahl an Brennstoff zu begegnen, wurden seit Januar 1947 im Bereich von Bahngebieten mitgeführte Taschen und Rucksäcke beschlagnahmt. Bis März 1947 hatte die Polizei Hamburg 10.000 dieser Behältnisse eingezogen. Foto: NN/DW

200 bis 300. Nun wurden bereits allen Personen in der Nähe von Bahngeländen mitgeführte Taschen und Rucksäcke abgenommen. Drei Tage im Februar 1947 in Zahlen: Am 21. in Sperrzonen und bei Kontrollen in der Nähe von Straßenbahnhaltestellen und auf Bahngelände 842 Festnahmen; am Tag darauf 526; am 23. Februar, nach erheblicher Verstärkung der Polizei, 144. Insgesamt wurden im Februar 1947 mehr als 9100 Personen wegen Kohlendiebstahls festgenommen und 1400 dem Schnellgericht zugeführt. In der ersten Märzhälfte 1947 waren 3021 Festnahmen und 746 Schnellgerichtsverfahren registriert worden.

Anfang März 1947 waren beispielsweise 22 Kohlendiebe angeklagt. Zwölf erhielten Geldstrafen zwischen 30 und 150 Mark (ihr wöchentliches Einkommen lag zwischen 22 und 45 Mark). Aber das Gericht zog auch die Zeitumstände in Betracht: In zehn Fällen wurde das Verfahren wegen Geringfügigkeit und besonderer sozialer Verhältnisse eingestellt.

Auf einem Hamburger Umgehungsbahnhof kam es Mitte März 1947 zu heftigen Auseinandersetzungen der Polizei mit etwa 800 – offiziell so bezeichneten – Kohlenplünderern, die sich mit Zaunlatten und Steinwürfen zur Wehr setzten. Kurz darauf stoppten etwa 70 auf dem Eidelstedter Verschiebebahnhof einen Güterzug, nachdem einer von ihnen den Zugführer mit einer Pistole bedroht und in die Flucht geschlagen hatte. Geraubt wurden vor allem mit Lebensmittel gefüllte Kisten.

Aus den entsprechenden Unfallmeldungen: Beim Erklettern eines fahrenden Kohlenzuges stürzte der Verkäufer R., wobei ihm beide Beine abgefahren wurden. Dem 19-jährigen Sch. aus Blankenese wurde ein Bein abgefahren. Der Rentner D. ist auf dem Verschiebebahnhof Harburg von einem Zug überfahren und tödlich verletzt worden. In Altona gerieten drei Männer beim Kohlensammeln unter die Räder eines Personenzuges und wurden getötet. In Billwerder ist die Leiche eines 40-Jährigen, der von einem Zug überfahren wurde, gefunden worden. Innerhalb von 24 Stunden wurden drei Hamburger, darunter ein 81-jähriger Mann, bei der Plünderung von Kohlenzügen erfasst und getötet.

Mehr als ein Drittel der für das Landeswirtschaftsamt Hamburg bestimmten Kohlen, 5406 Tonnen, sind im Februar 1947 aus Güterzügen gestohlen worden. Von 10.800 Tonnen Braunkohlenbriketts mit gut 4000 Tonnen 37 Prozent, von 3516 Tonnen Steinkohle 1101 Tonnen, von 1516 Tonnen Koks 282.

Bei der Energieversorgung der britischen Zone wurde auch Holz eine bedeutende Rolle zugewiesen – als Energie und als Grubenholz für den Bergbau. Ebenso wurde Torf ins Kalkül gezogen: Für die Belieferung Hamburgs sind im März 1947 je acht Moore in Hamburg – darunter das Ohemoor in Schnelsen – und Niedersachsen sowie zehn in Schleswig-Holstein zum Abtorfen genehmigt worden.

Für den Winter 1946/47 sollte jeder Hamburger zwei Zentner Brennholz bekommen, was 300.000 Raummeter entsprochen hätte. Von der bis November 1946 geschlagenen Hälfte lagen 60 Prozent aber noch im Wald. Sie sollten bis Ende Februar abgefahren sein. Alles in allem wären dann Tausende von Menschen, Hunder-

Die Kohlentransporte im Winter 1947 blieben häufig auf der Strecke, zudem wurden sie durch Diebstähle erheblich reduziert. Hamburgs Holzvorräte waren aufgebraucht, die wenigen Wälder ringsum abgeholzt. Was noch irgendwie für etwas Wärme sorgen konnte – wie hier das Ruder eines abgewrackten Schiffes – kam in den häuslichen Ofen.
Foto: Denkmalschutzamt Hbg., Bildarchiv/Andres

te von LKW, Maschinen, Pferde und Eisenbahnen am Werk gewesen, um Hamburg einen Heizwert von 60.000 Tonnen Steinkohlen zu beschaffen – was einem Drittel der Tagesförderung des Ruhrbergbaus entsprach. „Ob es unter diesen Umständen nicht ratsamer wäre, etwas Kohle freizumachen und die Wälder stehen zu lassen?", fragte die *Hamburger Freie Presse*.

Berechtigt, denn bereits nach Ende des Zweiten Weltkrieges ist in den Wäldern Hamburgs das Zehnfache an Zuwachs abgeholzt worden, so das Hamburger Forstamt. Dadurch war die Hansestadt zur waldärmsten deutschen Großstadt geworden.

Die britische Zone verfügte lediglich über 1,86 Mill. Hektar Wald (= 19 Prozent der Gesamtfläche) und war damit die forstwirtschaftlich am geringsten ausgestattete Region Deutschlands – bei zugleich größter Bevölkerungsdichte. Während auf jeden Einwohner Deutschlands 0,34 Hektar Wald entfielen, waren es in der britischen Zone nur 0,20. Von vier Millionen Festmetern Grubenholz für den Bergbau hatte das Gebiet der britischen Zone 1943 lediglich ein Fünftel zu liefern, jetzt mussten zwei Drittel aufgebracht werden. Dafür waren rd. 20.000 Hektar Kiefern- und Fichtenbestände in unreifem Alter zu schlagen, was zur Folge haben werde, dass die hiebreifen, über 80 Jahre alten Bestände in Schleswig-Holstein in fünf, in Westfalen in zwei bis drei Jahren aufgezehrt wären.

Abgesehen von der Wiedereroberung der Heide auf fruchtbarem Waldboden, der Gefahr durch Bodenerosion, Veränderung der Wasserführung, Austrocknung des Bodens und Gefährdung der Quellen sei darüber hinaus der stark gestiegene Einschlag von Nutz- als Brennholz höchst unwirtschaftlich, warnten Forstexperten. Käme der Einschlag von Brenn- jedoch als Grubenholz in den Zechen zur Verwendung, könnten mit einem Festmeter 30 Tonnen Kohle gefördert und das 120-fache an Heizwert erzielt werden. Darüber hinaus verbrauche die Abfuhr von Bennholz per LKW dieselbe Heizkraft an Benzin wie das transportierte Holz. Der Wald als wichtigste Rohstoffquelle Nordwestdeutschlands werde bei weiterer Ausnutzung wie bislang mindestens 20 Jahre kein Grubenholz mehr liefern können – und stünde damit auch dem Riesenbedarf für den Wiederaufbau der Städte nicht mehr zur Verfügung.

■ Die Theater Hamburgs, die nicht über ein eigenes Aggregat verfügen, werden an den *Sperrtagen für Strom* nicht spielen. Wegen der gegenwärtigen Kohlenlage sind die Weihnachtsferien der Schüler bis einschließlich 14. Januar verlängert worden.

HA, 3.1.47

■ *Zur Schließung von Kinos infolge der Stromersparnis: Ganz niedrig gegriffen werden von 800 Besuchern einer Vorstellung 100, wenn sie zu Hause bleiben, Licht und Rundfunkstrom verbrauchen, der während des Kinobesuchs nicht entnommen würde. Der Betrieb eines Filmvorführungsgerätes zuzüglich Stromverbrauchs einiger Notbeleuchtungen dürfte kaum die Hälfte des häuslichen Stromverbrauchs ausmachen.* Leserbrief, HA, 10.1.47

■ Unter den jetzt auch als *Wärmehallen* dienenden Hamburger Schulen hat die in der Knauerstraße besondere Anstrengungen unternommen. Der Direktor hat sich vom Wirtschaftsamt Sturmlaternen ausgeliehen. Die Besucher können sich bis 20 Uhr in der Schule aufhalten. Es gibt Wärmestuben für Erwachsene, für Frauen mit Kleinkindern, für größere Kinder und für Schüler. Hinzu kommt eine Wärmehalle für Studenten mit der Möglichkeit, in Ruhe arbeiten zu können. HA, 14.1.47

■ Den Hamburger Lichtspieltheatern mit 26.000 Plätzen waren am vergangenen Sonnabend, dem 11. Januar, Vorstellungen zwischen 10 und 12 sowie 14 und 17 Uhr genehmigt worden – wie ausdrücklich hervorgehoben wurde, ohne Zuweisung von Heizmaterial. HE, 14.1.47

■ *Dringende Warnung der Reichsbahndirektion Hamburg:* Da bei Stromsperren und -abschaltungen die Eisenbahnübergänge unbeleuchtet sind, wird die Reichsbahn an den verkehrsreichen öffentlichen Überwegen für Ersatzbeleuchtungen sorgen. Diese Maßnahmen werden bei unvorhersehbaren Abschaltungen nicht sofort wirksam werden können. Das Aufstellen und Ingangsetzen der Ersatzbeleuchtungen erfordert eine gewisse Zeit. Bei Spannungsschwankungen wird die Beleuchtungsstärke nachlassen. Bei Dunkelheit müssen die Benutzer daher mit besonderer Vorsicht die Überwege überqueren – insbesondere gilt dies für Kraftfahrer. DW, 15.2.47

■ Rund 100.000 *Care-Pakete*[1] lagern in Bremen, weil keine Weiterleitung möglich ist. Die Kälte und der Mangel an Lokomotiven machen den Transport unmöglich. Gleichzeitig treten Lagerungsschwierigkeiten auf, weil die Speicherräume überfüllt sind und in den nächsten Tagen weitere 100.000 Pakete erwartet werden. HFP, 1.2.47

■ Die *Deutsche Hilfsgemeinschaft* hat ihre Spielgruppen in neun Hamburger Wärmehallen geschickt. Dort sollen sie den Besuchern, meist alte Leute, mit fröhlicher Musik und Rezitationen Freude bereiten. Solange die Wärmehallen geöffnet sind, wird diese Betreuung fortgesetzt. HFP, 19.3.47

■ Die Bürgerschaft hat den Senat aufgefordert, bei der Reichsbahndirektion auf eine *Verbesserung der Verkehrsbedingungen* der dampfbetriebenen Vorortstrecken zu dringen. Es sollen mehr Züge verkehren und der Zustand der Wagen soll durch Einbau von Fenstern und Inbetriebnahme der Heizung und Beleuchtung verbessert werden. Auch sollen die Sonderwagen der S-Bahn für Besatzungsangehörige abgeschafft werden. HE, 28.2.47

1 Hilfspakete der US-Organisation *Cooperative for American Remittance to Europe (CARE);* Inhalt u.a. je ein Pfund Fleisch in Kraftbrühe, Steaks und Nieren, Leber, Corned Beef, Speck, Schmalz, Aprikosen, Honig, Rosinen, Schokolade, Eipulver, 750 Gramm Fleisch zum Mittagessen, je zwei Pfund Margarine, Zucker, Vollmilchpulver, Kaffee.

Hunger und Nahrung: Alles hängt von Einfuhr des Getreides ab

Landwirtschaft der Zukunft heißt Trecker statt Pferd und groß statt klein

„Deutschland nach schlimmster aller Zeiten gründlich auf Irrweg"

Die Bevölkerung der britischen Zone hatte Ende November 1946 Anlass zu bescheidener Hoffnung. In New York wurde über einen Fünfjahresplan für die (sich am 1. Januar 1947 zur Bizone vereinenden) britischen und amerikanischen Zonen verhandelt. Er sah vor, in der zweiten Hälfte 1947 und für das Jahr 1948 die Kalorien pro Person von gegenwärtig 1550 auf 1800 zu erhöhen. 1949 und 1950 sollten es dann 2100 und 1951 schließlich 2300 Kalorien werden, womit die vom Völkerbund 1936 empfohlene Menge von täglich 2400 nahezu erreicht wäre.

Doch zu jener Zeit war noch nicht abzusehen, dass Deutschland, dass Europa ein überaus langer und unerwartet strenger Winter bevorstand. Der frühere amerikanische Präsident Herbert Hoover wies nach Ende der Frostperiode 1947 in Washington auf den mittlerweile weltweiten Mangel an Getreide hin, so dass die in Aussicht genommene tägliche Erhöhung von 250 Kalorien in der Bizone auf die Zeit nach der Ernte 1947 verschoben werden müsse. Allerdings stellte er eine Erhöhung der Zuteilung an Kinder über sechs Jahre und Jugendliche in Aussicht. Darüber hinaus sollten die deutschen Wohlfahrtsorganisationen 65.000 Tonnen Getreide erhalten, um auf ärztliches Attest alten und gebrechlichen Personen eine tägliche Mahlzeit von 350 Kalorien anzubieten. Hoover beabsichtigte darüber hinaus einen auf 18 Monate angelegten Hilfsplan von 951 Millionen Dollar zur Versorgung der Zivilbevölkerung der Bizone mit Nahrungsmitteln aufzulegen – je zur Hälfte finanziert durch Großbritannien und die USA, zu bezahlen durch deutsche Exportüberschüsse.

US-Präsident Harold S. Truman stellte jedoch klar, dass im neuen Etat der Vereinigten Staaten keine zusätzlichen Haushaltsmittel für das Hoover-Programm vorgesehen seien. Zunächst sei ein umfassendes Bild von der Lage nötig. Allerdings habe der Kongress 350 Mill. Dollar gefordert – für Hilfsaktionen, die ausschließlich ehemals nicht feindliche Staaten unterstützen sollen. Darüber hinaus sehe die US-Öffentlichkeit Hoovers Pläne kritisch, zudem wollten die Republikaner in beiden Häusern des Kongresses die Ausgaben der Regierung, wo immer möglich, beschneiden.

Anfang März 1947 machte der Generalsekretär des Internationalen Notstandsernährungsausschusses, Dennis Fitzgerald, die Hoffnungen auf bessere Zeiten zunichte. Die Reserven seien außerordentlich gering, es sei sehr fraglich, ob sich überhaupt die gegenwärtigen Zuteilungen von Nahrungsmitteln aus Getreide bis zu den örtlichen Ernten aufrecht erhalten ließen. Die zu erwartende Ernte fiele geringer aus als die Bedürfnisse, liege wahrscheinlich unterhalb der von 1946; Überschüsse seien also nicht zu erwarten. Die USA könnten zwar Getreide liefern, doch werde der Weizenpreis steigen. Somit seien nur Länder mit umfangreichem Außenhandel in der Lage, größere Lieferungen beziehen. Länder ohne Exportmöglichkeiten, die Nahrungszufuhren am nötigsten haben, würden wesentlich schlechter versorgt werden.

Die in den ersten beiden Monaten 1947 in die britische Zone eingeführten 412.000 Tonnen Getreide und Mehl machten deutlich, wie sehr die Ernährung der Bevölkerung von Einfuhren (vor allem aus Kanada und den USA) abhing. In diesen Importen waren 118.000 Tonnen Mais enthalten. Er wurde zu Nährmitteln verarbeitet oder als Maismehl dem Brot beigemischt. Die gelbe Sorte hatte Auswirkungen auf das Aussehen des Brotes, sie stehe aber dem weißen Mais an Güte nicht nach, worauf mit Nachdruck hingewiesen wurde.

Mitte April 1947 waren die Vorräte inländischen Getreides verbraucht – mit der Folge, dass in Hamburg und Schleswig-Holstein nur 50 Prozent der Brotrationen aufgerufen werden konnten. Sobald ausreichende Zufuhren aus Übersee zur Verfügung stünden, werde die Ration wieder von 1500 auf 3000 Gramm pro Woche erhöht werden, hieß es offiziell. Zudem konnten keine Nährmittel aufgerufen werden, auch war der Ersatz fehlender Kartoffeln durch Brot nicht mehr möglich. Grund für die Einschränkungen: Die Einfuhr von Getreide aus Übersee hatte beträchtlich nachgelassen. Für die britische Zone wurden täglich 10.000 Tonnen benötigt, eingeführt wurden in der ersten Aprilwoche nur 20.000

Tonnen US-Weizen und -Mais. Für den gesamten Monat April 1947 waren aus Übersee und aus der sowjetischen Besatzungszone Deutschlands nur Einfuhren von 168.000 Tonnen Weizen und Mais in die britische Zone in Aussicht gestellt worden, aus deutschen Erzeugerkreisen etwa 50.000 bis 60.000 Tonnen. Im März 1947 konnte die britische Zone noch über 276.000 Tonnen verfügen.

Verständlich, dass die Eigenversorgung und damit die Landwirtschaft schon vor der Winterkatastrophe 1946/47 von zentraler Bedeutung geworden waren. Mit der *ZEIT*-Redakteurin Dr. Marion Gräfin Dönhoff (1909–2002) verfügte die Presse Hamburgs bereits 1946 über eine agronomische Expertin. Die zu Pferd nach Hamburg geflüchtete Wirtschaftswissenschaftlerin hatte als Verwalterin der Familiengüter in Ostpreußen ins Detail gehende Erfahrungen gesammelt. Im März 1946 zog sie in ihrer Zeitung eine Bilanz der deutschen Landwirtschaft vor und nach dem Krieg und riet zu umfassenden Reformen der Betriebe.

71 Prozent der deutschen Roggenernte, 51 Prozent des Weizens, 57 Prozent von Hafer und Gerste, 78 Prozent des Gemenges, 62 Prozent der Kartoffeln und 71 Prozent der Zuckerrüben waren 1943 auf Flächen der russisch-polnisch besetzten Ostgebiete erzeugt worden.

60 Prozent der landwirtschaftlichen Nutzfläche lagen jetzt jenseits der Demarkationslinie. Während aber in der russischen Zone lediglich 22 Millionen Menschen zu versorgen waren, waren es in den drei westlichen 44 Mill. (22 Mill. britische, 16 Mill. amerikanische, 6 Mill. französische Zone).

Diese Situation erfordere neben einer Leistungssteigerung vor allem einen möglichst hohen Flächenertrag mit hoher Kalorienzahl. Während ein Quadratmeter Getreide 1600 Kalorien liefere, seien es bei Kartoffeln 4800 und bei Zuckerrüben 6000. Unter Zugrundlegung von täglich 2700 Kalorien für den menschlichen Verbrauch ernähre ein Hektar Getreide 4,5, ein Hektar Grünland 5,3 und ein Hektar Hackfrucht 15,1 Menschen.

Als Sofortprogramm schlug die Autorin eine Ausdehnung des Anbaus von Hackfrucht – vor allem Zuckerrüben – vor. Dabei falle mit dem Rübenblatt zugleich hochwertiges Viehfutter an, was wiederum Ackerflächen für die Erzeugung von Brotgetreide und Kartoffeln frei mache.

Darüber hinaus sei die Haltung von Zugvieh einzuschränken – das Pferd sei in Sachen Ernährung ein erheblicher Konkurrent des Menschen. Rechne man das für die Ernährung eines Pferdes erforderliche Rauhfutter in Getreidefläche um, brauche ein Tier 3,65 t Getreidewert. Ausgemahlen und die angefallene Kleie in Mehl umgerechnet ergebe das 3,24 t Mehl – ausreichend, um bei den derzeitigen Zuteilungen 50 Normalverbraucher während eines Jahres ernähren zu können. Ein Traktor mittlerer Größe ersetze indes sieben Pferde, mithin mache der Einsatz einer Zugmaschine die Jahresbrotration für 350 Menschen frei. Es wäre also für die Deutschen finanziell und für die Alliierten tonnagemäßig sehr viel günstiger, statt Getreide vielmehr Traktoren einzuführen, für die dann laufend nur der Treibstoff heranzuschaffen sei.

Auch mit der ebenso kritischen Versorgung mit Fett hat sich Gräfin Dönhoff auseinander gesetzt und vorgeschlagen, die Versorgung möglichst ohne Veredelung zu bewerkstelligen. Es sei unzweckmäßig, das Fett im großen Stil über den Schweinemagen zu erzeugen, weil der Aufwand für einen Doppelzentner (dz) Mastschwein (= 0,78 dz Schlachtgewicht) mit 5 dz Gerste sehr hoch sei. Mit einem Hektar Gerste seien etwa 3,9 dz Schweineschlachtgewicht zu erzeugen; davon sei höchstens ein Fünftel, also 0,78 dz Fett. Hingegen bringe ein dz Raps 18 dz Körnerertrag mit 40 Prozent Ölgehalt, woraus sich 7,2 dz Öl gewinnen ließen.

Mit Pferd und Wagen, so Marion Gräfin Dönhoff 1946, habe die Landwirtschaft keine Zukunft. Diese stehe im Zeichen rationell arbeitender und Nahrungsmittelressourcen schonender Großbetriebe und Maschinen. Neben ihr Hamburgs Ehrenbürger Rudolf Augstein (1923–2002), Chefredakteur und Herausgeber des SPIEGEL (1947 in Hannover gegründet, seit 1952 in Hamburg).
Foto: Schreiber

Die Erzeugung von Fett über die Kuhhaltung sei ebenfalls erheblich günstiger als über das Schwein. Je Kuh werden zur Erzeugung von 3700 Liter Milch 3,3 Morgen Land benötigt. Je Hektar ließen sich also 4500 Liter Milch mit einem Fettgehalt von 3,3 Prozent und somit anderthalb dz Butter erzeugen. Fazit der Agronomin (und späteren Chefredakteurin und Herausgeberin der *ZEIT*): Einschränkung der Schweinemast, Verstärkung der Milchviehhaltung – das verlorene und als Lieferant ausgefallene Ostpreußen allein hätte mit 50.000 t jährlicher Butterproduktion nach derzeitigen Rationen 20,8 Millionen Menschen versorgen können –, deutliche Ausweitung des Ölfruchtanbaus.

Voraussetzung für alle genannten Intensivierungsmaßnahmen sei aber eine ausreichende Versorgung mit Kunstdünger und eine zentrale Planung der Ernährungswirtschaft, was tief in die Organisation der rund zwei Millionen landwirtschaftlichen Betriebe der Westzonen, von denen nur 800 größer als 200 Hektar waren, hineingreifen werde. Der rundum alles erzeugende Einzelbetrieb sei volkswirtschaftlich nicht mehr zulässig. Jeder Betrieb werde nur noch eine Zelle im großen Produktionsgefüge sein und sich spezialisieren müssen – so, wie es sich bei Zuchtvieh und Saatgut in den vergangenen Jahrzehnten bereits herausgebildet habe. Zum zeitraubenden Herumexperimentieren habe Deutschland weder die Zeit noch das Kapital. Vor allem würden jetzt Kunstdünger und Traktoren benötigt – und u.a. ein genossenschaftlicher Zusammenschluss mit Festsetzung bestimmter Ablieferungsquoten.

Erster Schritt müsse für jeden Betrieb der Anbau von Hackfrüchten auf einem Drittel seiner Flächen sein. Dann könnten gegenüber der allgemein üblichen Quote statt 15 Prozent 25 Prozent mehr Menschen versorgt werden. Denn während ein Zehn-Hektar-Hof bei 1,5 Hektar Anbau von Hackfrucht, 2,5 Hektar Anbau von Futter und 6 Hektar Getreide nach Kalorien 62,7 Menschen ernähre, seien es bei 3,3 Hektar Hackfrucht, 1,7 Hektar Futter und 5 Hektar Getreide 81,7 Personen.

Die Göttinger Arbeitsgemeinschaft für Ernährung und Landwirtschaft unter Leitung von Prof. Dr. Seedorf riet ihrerseits in der *Welt* zu unverzüglich zu realisierenden Maßnahmen nach dem Grundsatz, nicht vor allem die Menge der Kalorien, sondern die Qualität der Nahrung zu steigern. Ihr Interesse galt dem Hafer, von dem in Deutschland jährlich fünf Millionen Tonnen geerntet und zumeist verfüttert werden. Mindestens die Hälfte davon solle für den Menschen reserviert werden. Hafer nämlich enthalte viermal mehr Fett und doppelt so viel Eiweiß wie Brotgetreide. Jede Mühle könne Hafer schälen. Dabei falle zu drei Vierteln Kleie an, so dass den Tieren ausreichend Futter bleibe. Der Rest an benötigtem Kraftfutter sei nach modernen Verfahren durch chemische Behandlung von Rohstoffen wie Stroh, Kartoffelkraut, Sägespänen, Holzabfällen, Torf und Baumzweigen zu gewinnen. Die daraus zurückbleibenden stärkehaltigen Stoffe würden dann an mikroskopisch kleine Schimmelpilze verfüttert werden. Deren Organismus verdaue sie zu Eiweiß, so dass ein Kraftfutter mit zehn Prozent Gehalt an Eiweiß entstehe.

Zurück zu den Realitäten im froststarrenden Jahresbeginn 1947. Die deutsche Getreideernte 1946 brachte 1,5 Millionen Tonnen. Von denen waren bis Anfang Januar 940.000 Tonnen abgeliefert. Bei einem Monatsverbrauch von 270.000 Tonnen war die Brotversorgung nur noch bis Ende Februar gesichert. Danach war die britische Zone völlig auf Getreide-Importe angewiesen. Da nach Erklärungen der Militärregierung der Import von Futtermitteln ausgeschlossen war, musste der Bestand an Rindvieh um 15 Prozent gesenkt und der von Zuchtsauen auf 250.000 beschränkt werden. Durch diese Notlage war wenigstens vorübergehend die Versorgung mit Fleisch, nicht jedoch die mit Milch und Fett gesichert. Die Zuckerzuteilungen sollten unverändert bleiben, obwohl die Ernte (310.000 Tonnen Zuckerrüben) durch Felddiebstähle hinter der Schätzung zurückgeblieben war. Bei Fisch bestanden besonders ungünstige Prognosen: Durch Frost und Kohlenmangel waren kaum Anlandungen zu verzeichnen.

Zur Versorgung mit Fleisch trug im Februar 1947 der Interzonenhandel in der seit Jahresanfang bestehenden britisch-amerikanischen Bizone bei. Während in der US-Zone auf 100 Einwohner 41,4 Stück Rindvieh und 15,5 Schweine entfielen, waren es in der britischen nach den erwähnten Schlachtungen wegen Futtermangels nur 18,7 Rinder und 13,4 Schweine. Um die für den Normalverbraucher in der 99. Zuteilungsperiode vorgesehenen 600 Gramm Fleisch ausgegeben zu können, waren in der britischen Zone und im britisch besetzten Sektor von Berlin 19.000 Tonnen nötig. Davon mussten 3350 Tonnen aus der US-Zone eingeführt werden.

Da die Zuckerrübenernte 1946 aus rund 22 Millionen dz Rüben rund 300.000 Tonnen Weiß- und Verbrauchszucker ergeben hatte, wurde die Versorgung der britischen Zone Anfang Januar 1947 als gesichert gesehen. Allerdings gab es zum Beispiel in Schleswig-Holstein nur eine Zuckerfabrik, die die Bevölkerung aber lediglich zu 10 Prozent versorgen konnte. 90 Prozent mussten von Fabriken in Niedersachsen geliefert werden. Behelfsmäßige Anlagen zur Herstellung von Sirup sollten in Meierein und Brennerein eingerichtet werden. Um die Zuteilungsrationen in der Bizone erhöhen zu können, sollten insgesamt 160.000 Hektar Zuckerrüben angebaut werden. Als Prämien waren für je 100 dz abgelieferter Rüben 12 Kilo Zucker oder entsprechende Teilmengen von Zucker und Rübensaft ausgelobt worden.

Wieder einmal wurde in diesem Zusammenhang der entscheidende Faktor Kunstdünger erwähnt. Sein Mangel hatte zu einer Ertragssenkung von 340 auf 240 dz Rüben je Hektar geführt. Würden pro Hektar ungefähr 40 dz Zucker erwirtschaftet, stünden 16 Mill. Kalorien (Kartoffeln: höchstens 7 Mill.) zur Verfügung. Zusätzlich fielen beim Anbau von Zuckerrüben je Hektar zehn dz Melasse (= fünf dz Backhefe) und 100 Liter Alkohol an. Melasse sei der einzige Rohstoff zur Erzeugung von Backhefe; nach Ausfall ostdeutschen Kartoffelsprits sei der Westen Deutschlands restlos auf Melasse angewiesen. Darüber hinaus bringe ein Hektar Zuckerrüben 15 dz Trockenschnitzel und 200 dz Rübenblätter.

Für die Versorgung mit Nahrungsfett wurde 1946/47 jede nur denkbare Möglichkeit ausgenutzt. Im Oktober 1946 forderte das Landesernährungsamt Hamburg die Bevölkerung der waldarmen Großstadt zur Sammlung von Bucheckern auf, abzugeben in einer von fünf Sammelstellen. Als Anreiz wurden für jedes Kilogramm trockener Bucheckern 20 Pfennig Sammellohn in Aussicht gestellt – und ein Bezugsschein für 200 Gramm Margarine.

Doch im Januar 1947 zeichnete sich in der britischen Zone bezüglich der Versorgung mit Fett eine Katastrophe ab. Die neun Betriebe der Margarine- und Ölindustrie hatten keine Rohstoffe mehr. Die auf 50.000 Tonnen geschätzte Ernte von Ölsaaten hatte im Zonengebiet nur etwa 15.000 Tonnen erbracht. Die Anlieferung von Bucheckern war auf dem Vorwege mit der Ausgabe von 400 Tonnen Öl und Margarine aus Lagerbeständen an die Sammler vergütet worden. Nach alledem musste die Zuteilung von 75 Gramm Margarine pro Periode eingestellt werden; rätselhaft bleibe, wie in Zukunft die Abgabe von 200 Gramm Fett pro Periode noch zu bewerkstelligen sei, in den Kühlhäusern seien keine Vorräte mehr vorhanden. Bis zur neuen Ernte im Oktober 1947 seien

Traktor statt Pferd. Gewissermaßen in Fortsetzung des Dönhoffschen Plädoyers für eine Motorisierung der Landwirtschaft brachte Fendt 1952 in seiner Modellreihe „Dieselross" für die überwiegend kleinen bäuerlichen Familienbetriebe den wassergekühlten 12-PS-Schlepper D 12 GH auf den Markt. Wie das Werk betonte, sei in dieser Betriebsklasse ein Nebeneinander von Spannvieh und motorisierter Zugmaschine unrentabel. Der neue Kleinschlepper könne nicht nur die schweren Zugarbeiten verrichten, sondern ebenso Bestellungs- und Pflegearmaßnahmen eines Pferde-, Ochsen- oder Kuhgespanns übernehmen. Werksfoto Fendt acht Zuteilungsperioden zu überwinden. Das werde nur mit hundertprozentigem Import möglich sein. Hätte Deutschland noch eine Walfangflotte, wären 20.000 Tonnen Tran zu gewinnen – und die knappen Rationen von 200 Gramm Fett pro Zuteilungsperiode verfügbar.

Doch ob sich nach der Ernte 1947 die Situation bessern werde, musste schon kurz nach dieser deprimierenden Voraussage in starke Zweifel gezogen werden: Infolge der Gefährdung der Wintersaat durch andauernd starken Frost und geringe Schneedecke wurde bei den Winterölsaaten mit einer 50-prozentigen Einbuße gerechnet. Da zudem die Erträge der Sommerölsaat erfahrungsgemäß sehr gering seien, sei bei der Herstellung von Margarine aus heimischer Ernte mit größten Schwierigkeiten zu rechnen.

Alle mit der Ernährung zusammenhängenden Fragen und Probleme in der Bizone brachten den Namen Schlange-Schöningen mit sich. Der Agrarwissenschaftler Dr. Hans Schlange-Schöningen (1886–1960) war 1946 Leiter des Zentralamtes für Ernährung und Landwirtschaft der britischen Besatzungszone und kurz darauf Direktor für Ernährung, Landwirtschaft und Forsten im Verwaltungsrat der Vereinigten Wirtschaftzone/Bizone (1949 für kurze Zeit CDU-Abgeordneter im ersten Bundestag, ab 1950 Generalkonsul und ab 1953 deutscher Botschafter in Großbritannien).

Im März 1947 beurteilte er die Versorgungsaussichten skeptisch: *Brot* – nur bei Ausbleiben von Weltzwischenfällen auf Dauer gesichert; *Zucker* – einigermaßen sicher; *Fleisch* – Situation äußerst gespannt, *Fett* – verhängnisvoll, nach und nach Versiegen der Fettquellen, weil Kartoffeln unbedingt für menschliche Versorgung und nicht für Schweinemast benötigt werden; *Ölfrüchte* – durch Witterungseinflüsse 1947 keine Erträge. Wie Gräfin Dönhoff empfahl auch Schlange-Schöningen Einschränkung des Anbaus von Weizen, Ersatz der Pferde durch Maschinen, Zusammenschluss kleiner Betriebe zu Genossenschaften, Bodenreform zur Zusammenfassung von Kleinbetrieben zu modernen Wirtschaftsgrößen.

Schlange-Schöningen stellte ab Mai 1947 eine Verbesserung des Maisbrotes in Aussicht: Die USA verschifften gegenwärtig in ihren Getreidelieferungen 70 Prozent Mais und 30 Prozent Weizen. Monatlich würden 300.000 Tonnen Lebensmittel und 100.000 Tonnen Saatkartoffeln eingeführt. In Hamburg und Bremen lagerten 157.000 Tonnen Getreide einschließlich Mais. Der Tagesbedarf an Nahrung in der Bizone betrage etwa 14.000 Tonnen. Könne die Reichsbahn ihre Zusage, täglich 803 Waggons mit einem Fassungsvermögen von 12.000 Tonnen zu stellen einhalten, könnten 90 Prozent des Tagesbedarfs auch transportiert werden. Da die Binnenschifffahrt 3000 Tonnen bewegen könne, wäre eine Reserve von 1000 Tonnen einzulagern. Auf Hamburg und Schleswig-Holstein entfielen 53 Waggons mit einem Fassungsvermögen von 800 Tonnen, der tägliche Bedarf an Getreide betrage 1564 Tonnen. Gegenwärtig seien 46 Dampfer mit 366.000 Tonnen Getreide auf dem Weg nach Deutschland.

Ausdrücklich dankte der Direktor den Eisenbahnern und Hafenarbeitern für ihre bei 20 Grad Kälte aufopfernde Tätigkeit: Sie allein hätten mit äußersten Anstrengungen den Zusammenbruch der Versorgung im vergangenen ungewöhnlich harten Winter verhindert.

Kurz darauf, Ende März 1947, zog Schlange-Schöningen eine äußerst kritische Bilanz der vergangenen Wochen. Diese schlimmste aller Zeiten werde Deutschland nicht noch einmal überstehen. In völliger Verkennung der Erfordernisse der Not eile Deutschland mit deutscher Gründlichkeit in die falsche Richtung. Mehr oder weniger souveräne Länder würden aufgelöst, unter kriegsstarken Geschwadern und Heerscharen von Ministern bleibe das nationale Gesamtinteresse auf der Strecke. Während die Verwaltung immer teurer werde, verarme das Volk. Wo früher ein Oberpräsident mit wenigen Regierungspräsidenten ruhig und sachverständig arbeitete, seien heute Kabinettskrisen an der Tagesordnung. Und über oder zwischen diesem organisierten Wirrwarr schwebten bizonale Ämter – nicht mit einem ausreichend bevollmächtigten Mann an der Spitze, sondern mit zwei besseren Amtsschreibern – eine Fehlkonstruktion hölzerner Behelfsbrücken, die eine kommende Sturmflut nicht überstehen werde: „Es ist dem Mann auf der Straße gänzlich uninteressant", so der Direktor, „ob Müller einen Regierungswechsel inszeniert, damit Schulze Verkehrsminister wird und ob daneben vielleicht noch ein Marineministerium für die Weserkähne eingerichtet werden soll; der deutsche Mensch will endlich eine reale Hoffnung und einen Anfang des Schuttaufräumens auf allen Gebieten sehen …".

Aufgelesen

■ Das britische *Regional Food Office* lässt die Anzahl von Pferden in Hamburg und Schleswig-Holstein prüfen. Alle nicht landwirtschaftlich genutzten Tiere sind vom Eigentümer unmittelbar zu Schlachtzwecken abzugeben. HE, 3.4.46

■ Eine 83-Jährige, die in Hamburg ein 900 Quadratmeter großes ehemaliges Rasenstück als *Gartenland* bearbeitet, konnte folgende Erträge ernten: 110 Kilo Kohl, 106 Kilo Wurzeln, 75 Kilo Zwiebeln, 78 Kilo Gurken, 53 Kilo Bohnen, 48 Kilo Rote Beete, 15 Kilo Tomaten, 480 Kilo Kartoffeln, 32 Kilo Erdbeeren, 50 Knollen Sellerie, 120 Stück Porree sowie vom Gewicht her nicht genau anzugebende Mengen Salat, Spinat, Petersilie und mehr. Den Mangel an Dünger glich sie mit feinem Kalk und Holzasche enthaltenden Brandschutt aus Trümmern aus. Auch Pferdeäpfel und pflanzliche Abfälle aus Ascheimern fanden Verwendung. HFP, 23.10.46

■ Die verworrenen Zustände im Beschaffungs- und Zuteilungswesen zwischen und innerhalb deutscher Stellen und der Militärregierung sowie der Schwarze Markt erschweren die *Versorgung der Bevölkerung*. So verfüge ein Hamburger Großhändler über Bezugsscheine für 125.000 Kilo Nährmittel, habe dafür aber keine Ware erhalten. Nachdem englische Stellen zu Weihnachten eine Sonderzuteilung von Schokolade zugesagt hatten, wurden 40 Tonnen angefordert, aber 45 bewilligt. Dabei wurden jedoch Kinderheime, Krankenhäuser und Wohnlager übersehen, so dass schließlich 60 Tonnen verteilt worden sind. Allerdings habe Hamburg nicht einmal die der Kopfzahl der Versorgungsberechtigten entsprechende Menge erhalten. HE, 28.2.47

■ Da das *Gesetz über Einfuhrverbot von Süßstoff* von 1939 noch gültig ist, wurden aus einem Liebesgabenpaket aus dem Ausland in Abwesenheit des Hamburger Empfängers drei Päckchen Süßstoff beschlagnahmt und für das Hauptamt für Zuckerwirtschaft des Zentralamts für Landwirtschaft und Ernährung Hamburg entnommen. HA, 11.3.47

Keine Unterhose für Flüchtling, aber 2000 im Lager

Schwarzer Markt – Dunkelzone des Überlebens und Basis für das Großgeschäft

20.000 Jugendliche irren durch die Zone – Anstandslektionen für Polizei

Der Schwarze Markt der Nachkriegsjahre hatte in Hamburg zwei Gesichter – das der Menschen, die ums Überleben kämpften, und das derjenigen, die ihn als Großgeschäft mit zum Teil erstaunlichem Erfolg betrieben.

Am sichtbarsten wurde er in den 20.000 entwurzelten Jugendlichen der britischen Zone, die ohne soziale Bindungen, ohne Lebensmittelkarten in Bahnhöfen, Bunkern und Wartesälen hausten. Ihre Lebensgrundlage war in den meisten Fällen der Schwarze Markt und damit zusammenhängender Diebstahl oder Betrug. 1946 waren 5337 dieser jungen Menschen in Hamburg in die Jugendkriminalität abgeglitten. Ein Hamburger Jugendpfarrer beschrieb ihr bisheriges Leben: Viele von ihnen waren elternlos, kamen aus der Gefangenschaft, hatten als Soldat das „Organisieren" gelernt. Ihnen war das bürgerliche Leben unbekannt geblieben. Sie waren noch Kinder, als sie den Krieg durchlebt hatten. Ein Bewusstsein von Schuld war ihnen durch die Umstände fremd geblieben, das Gefühl von Reue selten. Ihr Misstrauen, ihre Erbitterung war ins Maßlose gewachsen. Und doch war ihnen die Sehnsucht nach einem Weg zurück geblieben. Als der Geistliche 40 jugendliche Schwarzhändler fragte, ob sie sich einem freiwilligen Arbeitsdienst mit geregeltem Ablauf des Tages einordnen würden und könnten, haben 37 mit einem bedingungslosen „ja" geantwortet.

Der britische Verleger Victor Gollancz (1893–1967),[1] Pazifist, Humanist, Gründer der sozialen Bewegung „Rettet Europa jetzt", der im November/Dezember 1946 Hamburg besuchte, sah in der

1 Siehe auch *Schwedenspeisung, Schwedenkleidung*, S. 90.

Treibeis der Nachkriegszeit. 20.000 entwurzelte Jugendliche irrten ohne soziale Bindungen, ohne Lebensmittelkarten durch die britische Zone, darunter allein mehr als 5000 in Hamburg. Ihr Zuhause waren Bunker, Bahnhöfe, Wartesäle. „Die alten Werte früherer Jahrzehnte haben sie nicht mehr kennen gelernt, was sie später erfuhren, wurde vom Sturm hinweggefegt. Worauf sollen sie bauen?", fragte DIE ZEIT *in ihrer Erstausgabe vom 21. Februar 1946.*

Zeichnung: Mirkjo Szewczuk

Not der Zeit den Schwarzen Markt aber auch als Grundlage für das Überleben – z. B. für eine in einem Keller unter Trümmern nahezu ohne Tageslicht hausende mittellose Hamburger Familie mit einem als erwerbsunfähigen Krüppel aus dem Krieg heimgekehrten Sohn, 20 Jahre alt; mit einer auf einer zerlumpten Matratze kauernden vermutlich 25-jährigen, aber wie 50 aussehenden Tochter: Ihre Lebensgrundlage war die Tabakkarte des körperlich erheblich geschwächten Vaters, die ihnen auf dem Schwarzen Markt alle sechs Wochen 120 Mark einbrachte.

Doch der Schwarzhandel größeren und größten Stils und die damit verbundene Hortung von Waren veranlasste im April 1946 den Leiter des Landeswirtschaftsamtes, Senator Otto Borgner, zur Ankündigung eines äußerst rigorosen Kampfes: Unangemeldete und daraufhin beschlagnahmte Waren würden ausschließlich Verbrauchern zugute kommen und Geschäfte geschlossen. Es wurden 20 davon betroffene Läden genannt und als Beispiel ein Flüchtling angeführt, der auf Bezugsschein erfolglos eine Unterhose verlangte, woraufhin bei Kontrolle des Geschäftes 2000 Stück gefunden wurden. Kurz darauf stellte die Zollfahndungsstelle Hamburg über 100 Zentner Zucker sowie erhebliche Mengen an Zuckerrüben, Kartoffeln, Getreide, Marmelade und weiteres Zubehör für die Schwarzbrennerei von Spirituosen in 100 ausgehobenen Geheimbrennereien sicher. Die Behörde teilte mit, dass durch den Bedarf der Schwarzbrennereien den Zuteilungskontingenten 6000 Zuckerrationen verloren gingen und anderthalb Millionen Reichsmark in Umlauf gebracht werden.

Aber es wurden, wie es damals häufig der Fall war, auch völlig Unschuldige von den Maßnahmen betroffen. So war im Mai 1946 die Hamburger Bevölkerung mit Nachdruck auf die fehlenden Saatkartoffeln und weiter darauf hingewiesen worden, dass entgegen landläufiger Gewohnheit die Beschaffung von bis zu 50 Pfund auf dem Land nicht gestattet war, woraufhin bei Razzien innerhalb von vier Stunden 300 Zentner Kartoffeln, zusammengesetzt aus Einzelposten von zehn bis 15 Kilo, sichergestellt wurden.

Es gab aber die Möglichkeit, sich zur Kartoffelernte als Helfer zu melden und dafür pro Sammeltag 50 Pfund legal zu erwerben. Dafür arbeitete ein Hamburger Familienvater im Oktober 1946 im Landkreis Harburg 180 Stunden auf dem Acker und erhielt als

Lohn neun Zentner Kartoffeln – mit Bescheinigung über die Rechtmäßigkeit des ehrlichen Erwerbs vom Landwirt, vom Ortsbauernführer und vom Bürgermeister der Gemeinde. Dennoch wurde ihm der Erntelohn auf dem Bahnhof Maschen als Schwarzmarktware von deutscher Polizei beschlagnahmt und auch trotz Protestes des Kartoffelwirtschaftsverbandes Harburg und der Kreisbauernschaft Uelzen nicht wieder ausgehändigt. Das nannte die Tageszeitung *Hamburger Freie Presse* einen abermaligen Fall von Betrug an Erntehelfern, ein Zeugnis behördlicher Lebensfremdheit: „Die Vertrauenskrise zwischen gesundem Menschenverstand und amtlicher Bürokratie hat bereits einen Grad erreicht, der weitere Belastungen kaum erträgt."

Die Polizeibilanz des ausgehobenen Schwarzmarktes in Hamburg für 1946: Beschlagnahme von 2155 Tonnen Lebens- und Genussmitteln sowie weiterer bewirtschaftete Gebrauchsgüter, deren Transport 144 Waggons à 15 Tonnen erfordern würde. Im Einzelnen wurden sichergestellt:

Kartoffeln, das begehrte „gelbe Gold" der Erde. Doch im Zeichen des Schwarzen Marktes geriet auch der Sammler, der mit allen Genehmigungen und oft unter Entbehrungen seine Versorgung für den Winter sichern wollte, in den Verdacht des unerlaubten Handels und verlor seine mühsam zusammengestoppelte Ernte.
Foto: Denkmalschutzamt Hamburg, Bildarchiv/Andres

- 624 Tonnen Lebensmittel
- 56 Tonnen Genussmittel, darunter 2,7 Mill. Zigaretten und 5,8 Tonnen Kaffee
- 384 Tonnen Gebrauchsgüter aller Art
- 72 Tonnen Textilien, darunter 7,4 Kilometer Stoffe
- Lebensmittelkarten und Bezugsscheine für weitere 1002 Tonnen Nahrungsmittel und Tabakwaren
- 2,2 Mill. Einheiten Penicillin
- 20.000 Einheiten Insulin
- 3356 Ampullen Morphium
- 8,3 Mill. Reichsmark sowie ausländische Währungen
- ein Kilo Juwelier-Platin
- 625 Brillanten
- 140 wertvolle Ringe

Darüber hinaus wurden 725 Geheimbrennereien, 338 Monopolhehlereien und 229 Fälschungen und Handelsaktivitäten mit Lebensmittelkarten aufgedeckt.

Im Frühjahr 1947 waren in Hamburg 6000 Beamte der Schutz- und Kriminalpolizei im Dienst – vor allem gegen den Schwarzen Markt und die Kohlenplünderei. Da zuvor ebenso viele Beamte als aktive Nazis den Dienst hatten verlassen müssen, handelte es sich bei den neuen Ordnungshütern meist um junge, in nur acht Wochen ausgebildete Polizisten – viele von ihnen, so der damalige Polizeipräsident Bruno Georges, wurzellose Ostflüchtlinge mit oftmals rüdem Ton gegenüber der Bevölkerung. Der Präsident sah sich veranlasst, höhere Beamte inkognito zur Höflichkeitsprüfung

Nach englischem Vorbild wurde die Hamburger Nachkriegspolizei nummeriert. Aufgrund von Beschwerden aus der Bevölkerung über das teilweise rüde Auftreten der äußerst unzulänglich ausgebildeten Ordnungshüter mussten diese sich ggf. auf Anstandslektionen einrichten.
Foto: Siegmund Stephan, Zeichnung: HE

Razzia der Polizei auf einem der Schwarzmärkte Hamburgs. Im Zeichen des Mangels waren sie sowohl Basis für das Überleben als auch professionell genutzte Gelegenheit für Großgeschäfte. Foto: Denkmalschutzamt Hbg., Bildarchiv/Germin

ihrer Kollegen auf die Straße zu schicken. Die Folgerungen: Gegebenenfalls vier Wochen Anstandsunterricht in der Freizeit und Abfassen eines Berichts über erträgliche Umgangsformen. Um ein korrektes Auftreten der Beamten zu forcieren und ihre Identifikation zu ermöglichen, waren bereits im Oktober 1946 auf der linken oberen Seite der Uniform zu tragende metallene Nummernschilder eingeführt worden.

Über jedes Schwarzmarktgut, so Georges, führe die Polizei genau Buch. Die Entscheidung über Rückgabe oder Weiterleitung an das Landeswirtschaftsamt obliege den Gerichten. Verderbliche Lebensmittel würden unverzüglich dem Amt weitergeleitet. Im März 1947 hatten sich bei der Polizei 10.000 sichergestellte Säcke, Rücksäcke und Taschen angesammelt. Sie hatte bei den britischen Dienststellen die Weitergabe an das Landeswirtschaftsamt zur Verteilung beantragt. Mit Nachdruck setzte sich der Präsident mit Unterstützung englischer Vorgesetzter für eine unpolitische und gewerkschaftlich ungebundene Polizei ein – und für eine ausreichende Bewaffnung.

Zurück zum Schwarzen Markt: Die Einzelhandelshauptdienststelle für die Markenbewirtschaftung Hamburg hatte eine eigene Bilanz der entsprechenden Aktivitäten in ihrem Bereich zusammengestellt. 1946 wurden in Hamburg 293.947 Kilo Waren entwendet oder verschoben – ausreichend, um eine Stadt von 22.000 Einwohnern ein Jahr nach den vorgeschriebenen Rationssätzen zu ernähren. In 7155 Einzelfällen sind 113.000 Marken für 48.000 Kilogramm Waren gefälscht worden. Durch Einbrüche und gestohlene Marken wurde ein Schwarzhandelsumsatz von mehr als 245.000 Kilogramm Waren verzeichnet. Es wurden vier Falschdruckereien ermittelt.

Eine weitere amtliche Statistik des Jahres 1946: In Hamburg und Schleswig-Holstein sind Vieh und Lebensmittel im Wert von etwa 33 Mill. Reichsmark beschlagnahmt worden. Darunter waren

- 489 Pferde
- 497 Schweine
- 771 Rinder
- 831 Schafe
- 1802 Tonnen Lebensmittel
- 1,5 Millionen Zigaretten und Zigarren
- 2088 verschiedene Haushaltsgegenstände
- 3450 englische Juteartikel
- 32 Motorfahrzeuge
- 8,7 Kilometer Stoff.

Die Polizeiberichte in den Hamburger Tageszeitungen jener Epoche hatten ihre Quellen vor allem im Schwarzmarktgeschehen. Da wurden 40 Zentner Zucker, die von einer Braunschweiger Großhandlung für 100.000 Mark verkauft werden sollten, sichergestellt. Bei einem kontrollierten Bus stellte sich heraus, dass alle Fahrgäste mit Lebensmitteln, Zigaretten und Tabak auf dem Weg zu Schwarzmarktgeschäften nach Pforzheim waren. Sie hatten für die Fahrt pro Person 1000 Mark bezahlt. Der Busbesitzer hatte den Treibstoff „hintenrum" besorgt. Bei einem Juwelier im Fahrzeug wurden drei Pfund Butter, fünf Fischkonserven, vier Dosen Tabak, zwei Kisten Zigarren, sieben Schachteln englischer Zigaretten und ein Beutel Mehl gefunden. Eine Frau hatte zehn Kilo Bücklinge und mehrere Großdosen Heringe bei sich.

Eine Haussuchung bei einem in einer Hamburger Brotfabrik beschäftigten Bäcker förderte einen Zentner Zucker, 25 Liter Wermut, 29 Brote, 70 Pfund Mehl und zwei Säcke mit 180 Pfund Rundstücken – angeblich Futter für seine 40 Kaninchen – zutage.

Bei einem Einbruch in ein bereits wegen Schwarzhandels geschlossenen Geschäfts in Stellingen, der eigentlich Kartoffeln galt, stieß der Einbrecher auf ein schwarzes Textillager mit 154 Herren-Unterhemden, 322 Herren-Unterhosen, 178 Oberhemden, 488 Unterröcken, 142 Schlüpfern, 139 Garnituren Damenwäsche, 123 Damenmänteln, 16 Ballen Stoff, vier Säcken Bettfedern und vieles andere mehr.

In Wilhelmsburg wurde ein Schwarzmarktlager mit 20.000 Stück Kernseife zu je 60 Gramm ausgehoben, in Bahrenfeld nahm die Polizei zwei Männer aus Barmbek fest, die im Stall eines Kolonialwarenhändlers ein Schwein von 70 Pfund geschlachtet hatten und im Begriff waren, ein zweites abzustechen.

Mit zahlreichen Geschäftsschließungen und Handelsverboten versuchte das Amt für Wirtschaftsüberwachung Hamburg, dem Schwarzhandel und der Warenhortung zu begegnen – mit Zustimmung der Bevölkerung. Im Gegensatz dazu hatte das Landesernährungamt im Februar 1947 gegen 76 „Ernährungsschädlinge" insgesamt nur drei Verwarnungen und Ordnungsstrafen von 16.000 Mark verhängt – pro Fall 210 Reichmark. „Für diese Summe", so die Schlussfolgerung des *Hamburger Echo*, „ist also ein Freifahrtschein für unerlaubte Kalorienjagdgründe zu erhalten; dafür können phantasiebegabte Schwarzmarktpersönlichkeiten einen Ablasszettel erhalten" – ein allzu billiger Tarif, der heute leider eher als Pfennigrisiko denn als Strafe empfunden werde.

Hamburger Freie Presse, 27.11.1946

Aufgelesen

■ Seit Beginn der *Schokoladenverteilung* an die Schulkinder sind mehr als 2000 Tafeln Schokolade durch Einbrüche in Hamburger Schulen gestohlen worden. Jetzt wurden besondere Sicherheitsmaßnahmen für die Aufbewahrung angeordnet. HFP, 26.10.46

■ Das Zoologische Staatsinstitut Hamburg warnt Interessenten vor dem Kauf von *„schwarzem" Schnaps*: Aus seinen Beständen wurden 20.000 Liter Alkohol gestohlen. Er stammte aus Präperiergläsern, in denen zuvor Bandwürmer, Schlangen, Eidechsen und weitere Reptilien konserviert waren. HFP, 27.11.46

■ Zwei junge Mädchen hatten sich auf dem *Schwarzen Markt* ausländische Zigaretten und Pullover gekauft. Als sie sich eine Zigarette anzündeten, fingen die Pullover Feuer: Sie waren aus Schießbaumwolle gefertigt worden, die aus Heeresbeständen stammte. HE, 11.2.47

■ Wenn ein *Hamburger Polizeibeamter* drei höheren Beamten als besonders höflich auffällt, soll er einen Anerkennungspunkt erhalten. Bei zwölf Punkten soll er in den nächst höheren Dienstgrad aufrücken. Bringt er es innerhalb von zwei Jahren auf acht Punkte, hat er Anspruch auf die Verdienstauszeichnung – eine blaue mit „V" gekennzeichnete Scheibe, zu tragen auf dem rechten Unterarm. Polizisten, die unter Einsatz ihres Lebens Verbrecher bekämpfen, werden acht Anerkennungspunkte zuerkannt. Bisher sind neun Beamte auf Verbrecherjagd in Hamburg erschossen worden.

HA, 18.3.47

Schuhmacher ohne Leder, Eisen, Garn und Sohlen

Gefärbte Uniformen, nichts an den Füßen und Seife für Knochen

„Schreberstolz" in der Pfeife – Leuchter für Kerzen, die es nicht gab

Nur eines war in den Jahren 1946/47 im Übermaß vorhanden, was sich besonders im Winter mit äußerster Konsequenz bemerkbar machte: das materielle Nichts. Durch die bereits seit 1939 geltende Rationierung dessen, was zum Leben notwendig ist, aber auch schon in den folgenden Kriegsjahren längst nicht ausreichend zur Verfügung stand, waren 1945 – mit Ausnahme der Selbstversorger – die Speise- und Vorratskammern ebenso leer wie die Kleider- und Schuhschränke. Zudem waren Ausgebombte, Flüchtlinge und entlassene Soldaten zu versorgen, die in den meisten Fällen nur über das verfügen konnten, was sie – oft im jämmerlichen Zustand – gerade noch am Leibe trugen oder in kleinem Handgepäck bei sich hatten. Wer noch etwas besaß – egal, was – bewahrte es auf, vielleicht war es noch zu gebrauchen, das Stück Fahrradschlauch, Bindfaden und Packpapier – oder einzutauschen.

Kleidung und Schuhe – das waren neben Nahrung und Brennstoff die größten Sorgen zu jener Zeit. Eine Nähmaschine hatte einen heute nicht mehr zu beschreibenden Stellenwert – vorausgesetzt, man hatte Garn und, noch wichtiger, entsprechende Nadeln, die mit größter Vorsicht benutzt wurden. Denn Ersatz war überhaupt nicht zu bekommen, ein Abbrechen der empfindlichen Nadelspitze kam einer Katastrophe gleich. Was Fäden jedweder Art hatte, wurde aufgerebbelt – aus zerschlissenen Wolldecken entstanden Pullover, aus zerlumpten, nicht mehr zu stopfenden Strümpfen neue in zuweilen abenteuerlichen Mustern und Farben. Kinder „trugen auf", was den älteren Geschwistern nicht mehr passte, wobei der körperlich Größte bald „ohne was" dastand.

Nun war, zumindest bei den Männern, gelegentlich noch ein textiler Grundstock vorhanden: die ausgediente Militäruniform. Zwar waren die Besatzungsmächte eifrig bestrebt, dem deutschen Militarismus jede Grundlage zu entziehen, doch sah die britische Militärregierung im Mai 1946 ein, dass diese einst staatliche Massenausstattung im Zeichen der Not vorübergehend noch ihren Zweck erfüllen konnte – allerdings nur unter genauen Bestimmungen. Die von ihren äußerlichen Bestandteilen ohnehin befreite Militärkleidung musste von einer zugelassenen Färberei ein neues Aussehen erhalten. Falls nun dieser Betrieb den Auftrag nicht sofort annehmen konnte, hatte er dem Auftraggeber eine namentliche Bescheinigung auszustellen, dass er das Umfärben zwar beantragt hatte, die unverzügliche Ausführung aber nicht möglich war. Diese Bestätigung war dann dem zuständigen Polizeirevier vorzulegen, das sich von der Identität des Inhabers zu überzeugen und dies auf der Bescheinigung zu vermerken hatte, womit diesem gestattet war, seine entmilitarisierte Uniform bis zum genannten und bestätigten Termin der Umfärbung weiter zu tragen.

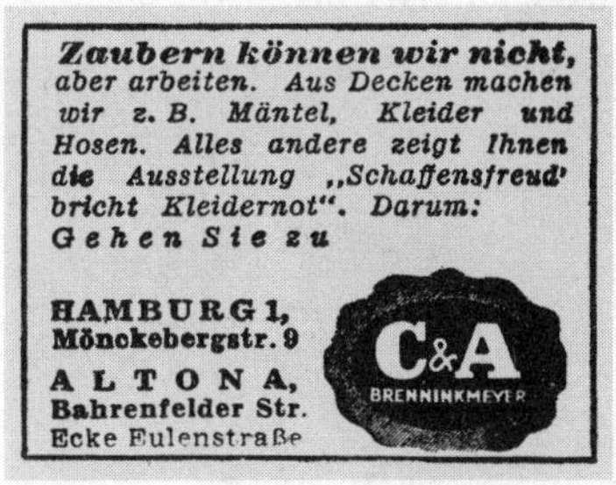

Aber auch die *Alliierte Kontrollkommission* sah in ausgemusterter Militärkleidung der Besatzungsmächte einen Fundus zur Versorgung. Sie erwarb aus Beständen der britischen Streitkräfte im März 1947 fast eine Million Uniformblusen und -hosen, knapp eine halbe Million Paar Schuhe, 300.000 Wolldecken, 130.000 Handtücher, 100.000 Meter Matratzenmaterial, 128.000 Betten und 155.000 Mäntel für die englische Zone.

Für das heimische Gewerbe ergaben sich aus dieser Situation durchaus geschäftliche Möglichkeiten. Peek & Cloppenburg Hamburg bot schon im März 1946 an, aus Militärblusen kurzfristig Sportsakkos zu machen und auch Militärmäntel umzuändern.

Ebenso offerierte im März 1947 Karstadt Mönckebergstraße, aus Uniformmänteln, aber auch aus Wolldecken Joppen und Sakkos anzufertigen – Garn und Zutaten wären vorhanden, fachmännische Beratung gab es in der Abteilung Herrenbekleidung. C&A Brenninkmeyer veranstaltete in seinem Hamburger Hauptgeschäft Mönckebergstraße sogar die Ausstellung „Schaffensfreud bricht Kleidernot", um zu zeigen, wie mit „großer Arbeitsfreude" der vorhandene Engpass gelindert werden konnte – durch Reparaturen, Färben, Umarbeiten und Neuanfertigen.

Ein fast noch größeres Problem als bei der Kleidung – hier konnte man sich gelegentlich zumindest in Reparatur und Anfertigung selbst helfen – waren die Schuhe. Es hieß, dass in der britischen Zone von Juli bis September 1946 dreieinhalb Millionen Paar hergestellt worden seien, 100.000 davon für Hamburg. Zudem sollen im Dezember 1946 zwei Millionen Paar in der britischen Zone verfügbar gewesen sein – darunter aber 300.000 Paar Haus- und Turnschuhe. Von Oktober 1946 bis Ende Januar 1947 wurde die Produktionsziffer der Schuhherstellung in der britischen Zone mit gut 3,8 Millionen Paar angegeben, die der Einfuhren aus England mit 604.000. Dennoch: Für die Versorgung von 22 Millionen Menschen in ihrem Gebiet ohne Reserven an Fußbekleidung reichte es bei weitem nicht – schon gar nicht in der Eiseskälte des Winters 1946/47.

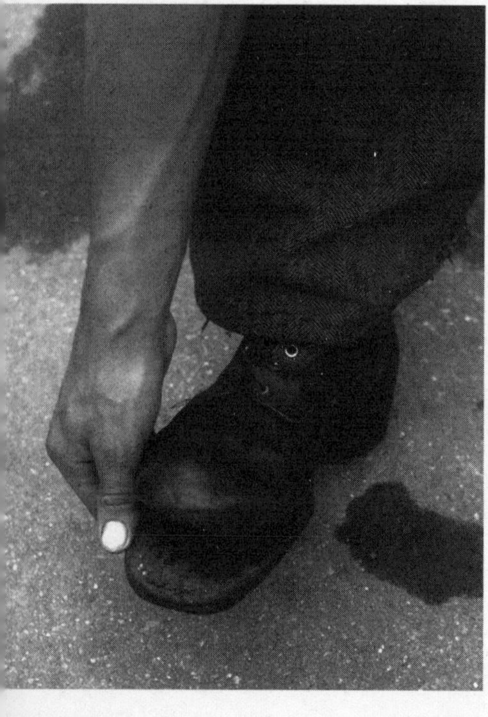

Ruinierte, nicht mehr zu reparierende Schuhe – unter allen Mangelerscheinungen 1946/47 war das eine besonders prekäre und weit verbreitete Situation. Im März 1947 kapitulierten Hamburgs Schuhmacher: Erheblicher Reparaturstau in ihren Werkstätten und kein Material, um der Sache Herr zu werden.
Foto: Denkmalschutzamt Hbg., Bildarchiv/ Andres

Zu den gefragtesten Handwerkern jener Zeit gehörten mithin die Schuhmacher. Die Kunden mussten sich eine Werkstatt zuweisen lassen. Mitte März 1947 gab ihre Innung bekannt, dass infolge von Überbelastung bis Ende des Monats keine Annahmen von Reparaturen mehr erfolgen konnten und Nachfragen vor dem 1. April zwecklos wären. Ende März 1947 kritisierte die Innung den Referenten für das Schuhmacherhandwerk bei den britischen Besatzungsbehörden in Minden dafür, dass er eine größere Zufuhr von Leder an das Handwerk nicht für nötig erachtete. Grund: Die zur Reparatur gebrachten Schuhe seien in einem derart schlechten Zustand, dass sich die Verwendung von Leder nicht mehr lohne. Besser sei dieses für die Fabrikation neuer Schuhe einzusetzen.

Die Hamburger Schuhmacher hatten nicht nur durch Mangel an Leder, sondern auch an Eisen, Garn, Nägeln, Gummi für Sohlen und Schleifpapier bereits einen Reparaturstau von 20 Prozent – nicht eingerechnet die reparaturbedürftigen, nicht nutzbaren Schuhe in den Haushalten. Erbost waren die gefragten Handwerksmeister darüber, dass zwei der 60 so genannten Regiebetriebe in Hamburg mit zusammen 800 Kunden Leder und Gummi in einer Menge erhalten hatten, mit der das Handwerk 5000 Kunden zufrieden zu stellen hatte.

In jener Zeit ohne Waschmaschinen, Warmwasser und Energieknappheit stellte der Mangel an Seife und Waschmitteln die Menschen vor besondere Herausforderungen. In überaus beengten Wohnverhältnissen mit oft längst nicht ausreichenden sanitären Einrichtungen war die Sauberkeit von Mensch und unmittelbarem Umfeld von ästhetisch und gesundheitlich ausschlaggebender Bedeutung. Unter diesen Umständen stellte die diesbezügliche Minimalversorgung eine besondere Herausforderung dar.

Im Februar 1946 teilten die Scheidemandel-Motard Werke die Wiederaufnahme der Knochenverwertung mit: Fünf Kilo Knochen ergäben 350 Gramm Fett; Sammlern wurde dafür ein Stück Kernseife in Aussicht gestellt. Das Landesernährungsamt Hamburg machte es günstiger: Für drei Kilo abgelieferter Sammelknochen wurde ein Stück Kernseife zugesagt, gab aber keine Hinweise, wie man in fast fleischloser Zeit überhaupt zu Knochen kommen könne. Sunlicht in Bahrenfeld kündigte seinen Wiederaufbau an und suchte Betriebsmaterialien, Roh- und Packstoffe aller Art, „die wir für die Produktion benötigen".

Ende Oktober 1946 wurde jedem Verbraucher ein Stück Seife zugeteilt – als Ration für vier Wochen. Diejenigen, die älter als sechs Jahre waren, konnten je 250 Gramm Wasch- und Zusatzwaschmittel beziehen, Kinder unter sechs bekamen 750 Gramm Waschmittel und 250 Gramm Zusatzwaschmittel – alle diese Zuteilungen hatten acht Wochen zu reichen. Der zuständige Fachverband der britischen Zone sah sich schließlich im Februar 1947 zu einer Warnung vor unabsehbaren Folgen für die Volksgesundheit veranlasst: Die Produktion selbst der derzeit qualitativ und mengenmäßig unzureichenden Seife – die kleinen gelben leichten Stücke waren als Schwimmseife bekannt – war durch das Fehlen von Kohle zur Herstellung von synthetischer Fettsäure in höchstem Maße gefährdet, die in der Industrie noch vorhandenen Rohstoffe würden Ende März 1947 verbraucht sein. Gewissermaßen als erste Hilfe stellte die US-Army dann der Bizone 3000 Tonnen Fettsäure zur Verfügung.

Ein weiteres Thema zu jener Zeit: Tabakwaren, hoch gehandelte Schwarzmarktartikel, eine Art Ersatzwährung. Hier konnte der Gartenbesitzer zumindest die Teilversorgung selbst bewerkstelligen – allerdings, was auch damals noch immer oder schon wieder genau geregelt war, nur unter Aufsicht des Finanzamtes. Die Hamburger Finanzleitstelle gab im Oktober 1946 die Umtauschregelung für selbst angebauten und versteuerten Roh- gegen Rauchtabak bekannt. Für den abgelieferten Rohtabak – im Volksmund „Schreberstolz" – gab es 50 Prozent Feinschnitt oder Pfeifentabak, und zwar in monatlich gleichen Raten. Für jedes Kilo trockenen Rohtabaks erhielt der Kleinpflanzer vom Staat zwei Reichsmark und Bezugsscheine für den Kauf von Rauchtabak – mit Rücksicht auf die bereits gezahlte Pflanzensteuer zu einem günstigen Preis. Dieser Tabak wurde allerdings besonders gekennzeichnet, war nur für den eigenen Verbrauch bestimmt und durfte weder verkauft noch eingetauscht werden.

Wer allerdings seine Zigaretten selbst drehen wollte, war auf die Firma Gizeh angewiesen, der einzigen Lieferantin von Papier und Hülsen. Unter normalen Umständen konnte sie monatlich 60.000 Kartons zu je 100 Papierpäckchen herstellen, im Januar 1947 waren es aber nur höchstens 15.000, also 1,5 Mill. Päckchen. Da diese weitgehend zu Schwarzmarktartikeln geworden waren, wurde aus Raucherkreisen vorgeschlagen, die Ausgabe an den Kauf von Rauchtabak zu koppeln.

Im Hamburg der entbehrungsreichen ersten Nachkriegszeit hatte der private Anbau von Tabak ein beachtliches Volumen. Doch auch schon damals hatte das Finanzamt genaue Bestimmungen über Kauf der Pflanzen und Werdegang der Ernte erlassen. Foto: Denkmalschutzamt Hbg., Bildarchiv/Andres

Dem Raucher drohten aber noch weitere Engpässe. Papier war äußerst knapp geworden, weshalb das Zentralamt für Wirtschaft die Abgabe von Tabakwaren in Verpackungen von der Rückgabe ausgebrauchten Verpackungsmaterials oder einer entsprechenden Menge Altpapier abhängig machte.Und wenn er sich schließlich „eine anstecken" wollte, musste er zusehen, an Feuer zu gelangen. Immerhin: Ende März 1947 konnte er auf Abschnitte der Karte für Seife, die ja, wie beschrieben, zur äußersten Mangelware geworden war, zwei Schachteln Zündhölzer beziehen.

Hamburg im Zeichen des Mangels 1946/47, ein Streifzug durch Mitteilungen in der Tagespresse:

Deckel für Dosenschlussmaschinen durften nur an gewerbsmäßige und zugelassene Dosenverschließer geliefert werden, und zwar nur in einer Menge des Bezuges von 1944 und ausschließlich für den unmittelbaren Gebrauch.

Von den Kartenausgabestellen wurden Berechtigungsscheine für Haushaltskerzen ausgegeben. Da aber nur ein kleiner Restbestand vorhanden war, konnte das Landeswirtschaftsamt keine allgemeine Verteilung genehmigen. Die Kerzen wurden nur in dringendsten Notfällen an Familien mit Kindern und an Schwerkranke ausgegeben. In allen weiteren Fällen waren Anträge zwecklos.

Warum, so wurde zuvor öffentlich gefragt, werden jetzt so viele Dinge aus Holz hergestellt – z. B. Leuchter, für die es ohnehin keine Kerzen gab? Viel wichtiger wären doch Holzlöffel, die es seit Jahr und Tag nirgendwo mehr aufzutreiben waren, da sie in den überbesetzten Küchen aufgebraucht worden sind.

Verboten war für 1947 die Herstellung von Kalendern und Jahrbüchern. Privatfirmen erhielten jedoch die Genehmigung, Werbekalender in geringem Umfang aus eigenen Papierbeständen anfertigen zu lassen.

Die Fachverbände für Schneidwaren und der Rasierklingenindustrie hatten die öffentliche Bewirtschaftung von Rasierklingen beschlossen. Durch ein Notprogramm in der Bizone wurde die Versorgung mit Klingen unter weitgehendem Ausschluss von Kompensationsgeschäften dahingehend geregelt, dass der Verbraucher die Klingen zum Normalpreis und der Produzent die Rohmaterialien auf normalem Wege erhielt.

Und schließlich blühte der Tausch. Die Hamburger Tageszeitungen hatten dafür eine Rubrik eingerichtet. Geboten wurde der erstgenannte Gegenstand, beispielsweise unpassende gegen passende Herrenkleidung, Herren-Sommer- gegen Damen-Winterschuhe, Bettwäsche und Oberhemd gegen Anrichte oder Kommode, Kinderwagen gegen Fahrrad, Konzertgeige gegen Bretter und Balken, Nähmaschine gegen „Schottsche Karre", Staubsauger gegen Akkordeon, Zuckerpalme und Blumenkrippe gegen Schreibtischuhr oder Wecker …

Tausch

Anfert. v. H.- u.D.-Gard. geg. Spieg. u.Möb.. ev.Tischlerarb. H 1168 HAZ.

Anzugst. m.Zut. u.Kammg.-Maß-Anz. geg. gut erh. Nähm. F 1193 HAZ.

Anzugstoff geg. Ober- od. Unterbett mit Kopfkissen. H 1159 HAZ.

Bettfedern. 10 ℔. gegen Möbelstoff. K 1188 HAZ.

5 ℔ **Bettfedern.** Eßservice (6 Pers.). neue Tischlampe geg. Volksempf.. W.- od. Allstrom. F 1184 HAZ.

Bettstelle. kpl.. m.Steppd.. geg.Radio. All- od Wstr.. od. gold. Hrn.- od. D.-Armbanduhr. B 1127 HAZ.

Br. H.-Stief. (43). Ia Led.. geg. led. Stadttasche od. Frotteehandt.: 4 kg wß. Bettfedern gegen 2 Fach Gardinen. A 1153 HAZ.

Brennhexe geg. Sofakiss.. Tischdecke. Vorhangstoff od. ähnl. E 1542 HAZ.

Brockh.-Lexikon. Ausg.1908. 17 Bde.. sehr gut erhalt.. geg. Volksempf.. All- od. Gleichstr. F 1507 HAZ.

Coutan I. Tess.. 1:1.8. u. Ausgleich gegen LKW oder Baugelände. ca. 2000 qm. H 1060 HAZ.

D.-Mant. (46). neu. od. **em. Hexe** m. Unters. od. **Katalytof.** geg. Kokos- od. Balatumläufer od. Dam.-Überschuhe (40). H 1211 HAZ.

D.-Pelzmant.. Seal (42-44). u. gold. Dam.-Armb.-Uhr (585). 18 St.. geg. Schlafzim. m. Aufl.-M. G 1095 HAZ.

D.-Reg.-Mtl.. bl.-w.. Pep.-Karo (42). jgdl.Form.geg.Couchlpe. F 1543 HAZ.

El Bratpfanne. Ia. 110 od. 220 V.. u el. Beleucht.-Körper geg. Radio. G.- od. Allstr.. 220 V. J 1070 HAZ.

El. Kochplatt.. el.Backhaube. el.Heizofen. alles m. Schnur. geg. Kleiderschrk. od. and. Möbel. E 1120 HAZ.

El.Kochpl.. 800W..220V.. neu. geg.D.-Hutst.. dklbl.. Haarf. E 1012 HAZ.

Emaill. Kohlenherd m. Bratofen geg. Teppich. G 1023 HAZ.

Frack. mod.. neu (50). geg. Photo. Bl. bis 4.5. od. Radio: D.-Brill.-Ring geg. gt. Photo od. VE. I 1151 HAZ.

Füllfederhalt.. Markenart.. geg. elektr. Kochplatte. 220 Volt. F 1112 HAZ.

Garnit. Kristallgläs.. je 6 Stck. Sekt-. Weißw.-. Südw.-. Bier- u. Likörsch.. neu. geg. Kleidschr. m. Wäschefach. D 1243 HAZ.

Aufgelesen

■ Wegen *Papiermangels* sind Einzelfahrscheine für Straßenbahn und Autobus in Hamburg aus dem Verkehr gezogen worden. Jetzt werden nur noch Sammelkarten für fünf Fahrten verkauft.

HE, 4.5.46

■ Nach zähen Verhandlungen hat die britische Militärregierung *ehemaliges Eigentum der Wehrmacht* zur Verwendung in der heimischen Wirtschaft freigegeben. Die Millionenwerte lagern auf einem Gelände jenseits der Elbe. Es ist nichts darunter, was sich nicht – in anderer Form – wieder gebrauchen ließe, zum Beispiel Tausende von Stahl- und Gasflaschen in jeder Größe, wertvolle Blei- und Gummikabel, ehemalige Brottaschen, verarbeitetes Leder vom Zaumzeug bis zur Patronentasche, elektrische Drähte, Regencapes, zu Hügeln getürmte Eingeweide von Radios und Spezialgeräten, Zellwolle, Ketten, Seide und Weißblech für Einzelverbraucher. Nun ist darauf zu achten, dass daraus akut notwendige Gebrauchsartikel und keine Luxuswaren entstehen. So lassen sich aus Geschosskörben dringend benötigte Kartoffeltragen machen – aber auch überflüssige Schirmständer. HFP, 19.10.46

■ Die Produktion der *Füllhalter- und Füllstiftindustrie* in der britischen Zone, derzeit ohnehin nur zu einem geringen Prozentsatz ausgelastet, ist fast ausschließlich für die Besatzungsmacht und über britische Wirtschaftsdienststellen für den Export bestimmt.

ZEIT, 31.10.46

■ Der fachliche Industrieverband hat erreicht, dass etwa 40 Prozent der Fertigung und Bestände der *Füllhalter- und Füllstiftindustrie* in der britischen Zone für den Inlandsverkauf freigestellt werden. HA, 21.1.47

■ Ein erboster Leser, der sich seit Monaten um die Reparatur seiner Schuhe bemüht, hat das *Hamburger Echo* davon in Kenntnis gesetzt, dass ein *Schuhmacher* in einem östlichen Vorort Hamburgs Aufträge nur gegen Lieferung von Butter und Zigaretten annimmt.

Wer das zur Reparatur mitbringe, erhalte sein Schuhzeug innerhalb von drei Tagen zurück, sogar frei Haus. Inzwischen beschäftigt sich der entsprechende Ausschuss der Regionalveraltung mit diesem Vorgang. Die Bewohner des Vororts hoffen, recht bald in dieser Werkstatt einen ausgebombten oder aus dem Osten vertriebenen reellen Schuhmacher in Anspruch nehmen zu können.

HE, 21.1.47

■ Die *Genossenschafts-Flachsröste* in Ahrenbök ist die einzige verbliebene ihrer Art in der britischen Zone. Ihr ist es gelungen, 750 Flachsanbauer für einen Anbau von durchschnittlich anderthalb, mindestens aber einem Hektar zu gewinnen. Hochwertiger Flachs ist infolge der erschreckend großen Notlage auf dem Textilmarkt von besonderer Bedeutung. Von der schleswig-holsteinischen Anbaufläche 1946 von 1200 Hektar (britische Zone: insgesamt 8400 Hektar) konnten aufgrund akuten Mangels an Arbeitskräften und fehlender Saat nur 1000 Hektar genutzt werden. Die Anbauer haben dafür Rücklieferungen in Form von Leinenwaren, Nähgarn, Speiseöl und Futtermitteln erhalten. DW, 25.2.47

■ Die FDP-Fraktion der Hamburger Bürgerschaft hat den Senat darauf aufmerksam gemacht, dass in der US-Zone während der *99. Zuteilungsperiode* für einen bestimmten Abschnitt der Lebensmittelkarte Textilien ausgegeben worden sind, etwa zwei Taschentücher oder zwei Krawatten. Da nach Vereinigung der britischen und amerikanischen Zone beide gleich beliefert werden sollen, fragt die Fraktion, wann eine gleiche Zuteilung in der britischen Zone erfolgen wird. HFP, 19.3.47

Lebertran aus Island, Schokolade aus England, Fleisch aus Irland

Schwedenspeisung, Schwedenkleidung – ein Strom der Hilfe aus dem Ausland

Victor Gollancz im dunkelsten Deutschland: „Rettet Europa jetzt"

Zur Ausstattung von 44.000 Hamburger Kindern und Jugendlichen im März 1946 gehörten ein Essgefäß und ein Löffel: Sie, die bedürftigsten unter den fast 190.000 Schülern der Hansestadt, konnten an der englischen Schulspeisung teilnehmen. Kurz darauf aber kam das Schulessen allen Pennälern in Hamburgs 350 Schulen zugute, der Essenpreis richtete sich nach den sozialen Verhältnissen. Täglich wurden dafür zweieinhalb Tonnen Lebensmittel benötigt, die gegen Erstattung der Kosten von der britischen Militärregierung zur Verfügung gestellt wurden. Wie alle waren aber auch diese Mahlzeiten von Einfuhren abhängig – da blieb es nicht aus, dass sich zuweilen eine gewisse Eintönigkeit einstellte. Umso mehr wurde das mit Abstand beliebteste Essen erwartet – Schokoladensuppe, gefolgt von Erdnusssuppe. Die Organisation der Schulspeisung lag in Händen des Hamburger Schulvereins. Neben – oder mit – der englischen gab es die hochwertige „Schwedenspeisung" für 42.000 Kinder von drei bis sechs Jahren.

Angerichtet wurden nicht nur diese, sondern unter Leitung der Deutschen Hilfsgemeinschaft weitere knapp 300.000 Mahlzeiten für die Sozialverwaltung, für eine Winterspeisung des Roten Kreuzes, für Betriebe und Mittagstische in Gaststätten, für 40 Lager und zehn Wohlfahrtsanstalten mit 35.000 Flüchtlingen, für durchreisende Flüchtlinge und entlassene Soldaten in einer der größten Gemeinschaftsküchen Europas im Schweineschlachthof in der Lagerstraße nahe Sternschanze. Gekocht wurde in 200 Kesseln mit je 300 Liter Inhalt. Durch auf dem Schwarzen Markt beschlagnahmte Lebensmittel konnte der Küchenzettel fast täglich mehr oder weniger angereichert werden.

Im Oktober 1946 wurde feierlich das millionste Hamburger Schulessen ausgegeben. In dieser seit nunmehr 25 Wochen bestehenden Einrichtung waren pro Teilnehmer ca. 33 Pfund Lebensmittel, die ihm täglich 325 Kalorien sicherten, eingesetzt worden. „Wir müssen dem englischen und schwedischen Volk wirklich dankbar sein für dieses Werk der Nächstenliebe, das uns während dieser schweren Zeit die schlimmsten Sorgen nimmt", schrieb die *Hamburger Freie Presse*.

In der Tat: Die britische Zone und damit auch Hamburg konnten sich des Beistands und der Hilfe aus dem Ausland sicher sein – vor allem aus Schweden und England.

Im Februar und März 1947 hatte das Schwedische Rote Kreuz in Hamburg 36.000 Kleidungsstücke, 10.000 Paar Schuhe, 500 Ausstattungen für Säuglinge, 775 Wolldecken und große Mengen Spielzeug verschenkt – ausgeteilt von deutschen Rotkreuzhelferinnen im Alsterhaus.

In der ersten Nachkriegszeit war die von der britischen Besatzungsmacht initiierte Schulspeisung für zahlreiche der 190.000 Schulkinder Hamburgs die einzige reguläre Mahlzeit des Tages. Ihr kamen u. a. Beschlagnahmen des Schwarzen Marktes zugute. Foto: Denkmalschutzamt Hbg., Bildarchiv /Beutke

Die besondere Fürsorge der Schweden galt den von ihnen mit Nahrung versorgten Kleinkindern. Wenn nötig, erhielten sie aus schwedischen Uniformen geschneidertes Zeug, wobei sich die Insassen des Mädchenheims in der Feuerbergstraße mit der Anfertigung von Säuglingskleidung besondere Verdienste erwarben, wie es im *Hamburger Echo* hieß. Der prekären Lage der Versorgung mit Schuhen begegneten die schwedischen Wohltäter mit einer von den Quäkern gegründeten Abordnung der „Internationalen Werkschar", die in einer Baracke zur Reparatur vor allem von Kinderschuhen Schuhmacher beschäftigte, dafür aber zunächst entsprechende Nähmaschinen zu mieten suchte. Zudem wurden erhebliche Mengen schwedischer Textilien dem Landesjugendamt Hamburg zur Verteilung an schulentlassene Jugendliche ohne Arbeitskleidung überlassen; auch Kriegsopfer, die Bewohner von Heimen und Bunkern, die als Unterkunft dienten, wurden bedacht.

Um gelegentlich etwas melden zu können, was „die Verzweiflung unserer Herzen durch gewisse Hoffnungen lindert", führte die *Hamburger Freie Presse* die Rubrik „Der Lichtblick" ein. Darin nannte im März 1947 die Einsenderin Ursula die Ein-Kronen-Sammlung schwedischer Frauen, deren Initiatorinnen anonym bleiben wollten. Durch diese Initiative hatte Hamburg im Sommer 1946 eine erste Sendung von 8000 Kilo, vor Weihnachten 1946 eine von 15.000 und nun die dritte von 10.000 Kilo erhalten. Die Zuwendungen enthielten alle Arten von Lebens- und Körperpflegemitteln, Kleidung und Schuhen; Hauptempfänger waren zwei Heime mit Flüchtlingskindern.

Wenn von der Hilfsbereitschaft Englands dem einstigen Feind Deutschland gegenüber die Rede ist, muss zuerst der britische Verleger, Humanist und Menschenrechtler Victor Gollancz[1] (1893–1967) genannt werden – ein dem Pazifismus und der Sozialdemokratie verpflichteter Sohn polnisch-jüdischer Einwanderer, der schon 1933 mit seinen Mitteln gegen Hitler und den Nationalsozialismus kämpfte. Anfang 1947 veröffentlichte er nach einer Reise durch Norddeutschland, die ihn auch nach Hamburg führte, seine Erlebnisse in dem Buch *In darkest Germany (Im dunkelsten*

1 Siehe auch *Schwarzer Markt* ..., S. 69.

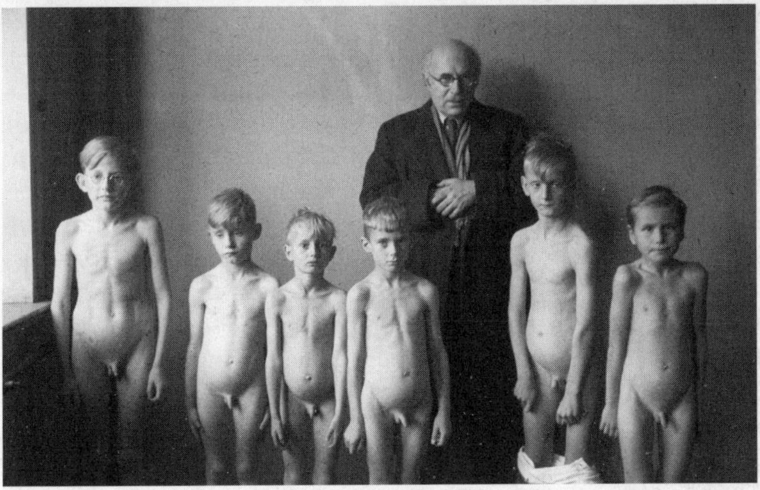

Victor Gollancz, jüdischer Verleger aus London, setzte sich mit seiner Initiative „Rettet Europa jetzt" leidenschaftlich für das notleidende Deutschland und besonders für dessen Kinder ein. Er hatte u. a. auch Hamburg besucht, um sich von der Situation an Alster und Elbe ein Bild zu machen. Foto: Denkmalschutzamt Hbg., Bildarchiv

Deutschland) – mit anklagenden Berichten über Menschen mit Tuberkulose, Hungerödemen, hartnäckigen Hautkrankheiten, über den eklatanten Mangel an Kleidung, Schuhzeug und vor allem Babywäsche, über entsetzliche Wohn- und damit einhergehende Sanitärverhältnisse. Er wandte sich scharf gegen die Demontage von Industrieanlagen, die Deutschland die Möglichkeit zum Wiederaufbau nähmen, geißelte die rigorose Abgrenzung britischer Offiziere von der Bevölkerung, womit ihnen deren harte Lebensbedingungen fremd blieben, kritisierte die Zuteilung von Material und Arbeitskräften zum Bau britischer Kantinen und Wohnungen. Gollancz, 1960 mit dem „Friedenspreis des Deutschen Buchhandels" ausgezeichnet, hatte seine Bestrebungen unter das Leitwort „Nicht eine schlechte, sondern eine gute Behandlung macht die Menschen gut" gestellt.

Grundlage seines Handelns: Gerade als Jude fühlte er sich dazu berufen, den leidenden Deutschen zu helfen. Weil die Juden seit 1900 Jahren oder länger misshandelt werden, sei es ihre Mission, zur Aussöhnung bereit zu sein.

Victor Gollancz war Urheber der in England gegründeten Bewegung „Rettet Europa jetzt" (s. S. 69). Im November 1946 hatte er nach hartnäckigen Verhandlungen mit dem britischen Ernährungsministerium erreicht, dass englische Privatpersonen pro Monat ein Liebesgabenpaket nach Deutschland schicken durften. Daraufhin trafen bereits bis Anfang Januar 1947 insgesamt 55.000 Pakete in Deutschland ein – aus einem Land, das seinerseits unter Nahrungsmangel litt; aus einem Land, das im Mai 1946 das Gewicht eines Brotes von 1000 auf 750 Gramm verringert hatte, um mit dem eingesparten Getreide den Hungernden der Welt zu helfen. Schon im Februar 1947 war die erste aus England kommende Kleiderspende in Hamburg angekommen – acht Tonnen sowie zahlreiche Lebensmittel für das Flüchtlingslager Lübeck-Siems. Im März 1947 brachte die Royal Air Force als Spende von „Rettet Europa jetzt" 30.000 Kilogramm verschiedener Güter nach Hamburg zur Weiterleitung an das Evangelische Hilfswerk.

Erwähnt wurde im November 1946 in diesem Zusammenhang u.a. Miss Josephine Tresize aus Bristol. Sie hatte für Kinder in der britischen Zone Deutschlands 2000 Tafeln Schokolade gesammelt und dafür eine Ausfuhrgenehmigung bekommen. Die Spenden stammten aus allen Lebenskreisen. Einige, die sich den Kauf von Schokolade nicht leisten konnten, hatten ihre Kartenabschnitte geschickt, manche englischen Kinder ihre gesamte Monatszuteilung.

Dänemark war das erste der von Deutschland überfallenen Länder, das dem einstigen Besetzer wieder die helfende Hand reichte – im März 1947 hatte es zudem noch für 180.000 deutsche Flüchtlinge zu sorgen, deren schnellstmögliche Rückführung jedoch von den Besatzungsmächten abhing. Es stellte vom 1. April 1947 an eine tägliche 400-Kalorien-Speisung für unterernährte norddeutsche Schulkinder in Aussicht. Über Umfang und Dauer (drei oder sechs Monate) gibt es unterschiedliche Angaben: Einmal werden 100.000 Teilnehmer genannt, aber auch 80.000 und 40.000, darunter zwischen 10.000 und 17.000 Hamburger. Außerdem war eine Aktion zur Bekämpfung der Tuberkulose im Gespräch.

Innerhalb von vier Monaten waren in Bremerhaven Zone 370.000 Care-Pakete aus den USA für die britische Zone eingetroffen. Davon waren 150.000 für Hamburg bestimmt.

Besonders aus Schweden erhielt Hamburg im Winter 1946/47 bewundernswerten Beistand – mit der Schwedenspeisung, mit Kleidung und Schuhen, aber auch mit Spielzeug. Allein die Ein-Kronen-Sammlung schwedischer Frauen brachte tonnenweise Liebesgaben aller Art in die Hansestadt.
Foto: Denkmalschutzamt Hbg., Bildarchiv/ Germin

Das Rote Kreuz Island hatte zur Linderung der Not in Europa 1,5 Millionen Kronen gesammelt – pro Einwohner fast zwei US-Dollar. Dafür wurde isländischer Medizinal-Lebertran mit einem Gehalt von 1900 Vitamin-A- und 100 Vitamin-B-Einheiten pro Gramm gekauft. Mit einer Tagesdosis von zehn bis zwölf Gramm pro Kind und Tag wurde dessen tägliche Ernährung um 100 Kalorien erhöht. Diese Spende reichte einen Monat für eine Million Kinder und Jugendliche – darunter 400.000 deutsche.

Irland hatte der britischen Zone im Februar 1947 für den Kampf gegen den Hunger 2000 Stück Vieh geschenkt. Diese Spende hatte wesentlich zur Versorgung mit den Fleischrationen beigetragen. Um Transportkosten zu sparen, wurde das Vieh in England geschlachtet und verbraucht und eine entsprechende Menge von Fleisch und Häuten in Dänemark zur Verteilung in Deutschland gekauft.

900 Kinder aus Hamburg zwischen vier und zehn Jahren hatten im März 1947 das Glück, unter Obhut des Roten Kreuzes der Schweiz drei Monate zur Erholung in die Eidgenossenschaft fahren zu können – in einem vom Alliierten Kontrollrat genehmigten Sonderzug. Nach drei Wochen Aufenthalt bei den Pflegeeltern gingen die schulpflichtigen Kinder zum Unterricht, waren aber, um die erstrebte Gewichtszunahme von drei bis sechs Pfund nicht zu gefährden, vom Schulsport befreit. Wie ein nach Hamburg heim-

gekehrtes Mädchen berichtete, hatte sie von ihren Pflegeeltern und deren Nachbarn zum Abschied je ein Paar Schuhe und Hausschuhe, ein Kleid, Stoff für einen Mantel, Unterwäsche, vier Paar Strümpfe, drei Schlafanzüge, Spiele und Malbücher bekommen.

Hilfe und Beistand gab es aber auch jenseits von Kalorien und Alltagsmangel: Der Schweizer Gewerbeverband hatte im Januar 1947 fünf Abgeordnete der Handwerkskammer Hamburg eingeladen, um ein geplantes Hilfswerk des Schweizer Handwerks für die notleidenden Kollegen an Alster und Elbe zu organisieren. Zu gleicher Zeit schickte der Weltrat der Kirchen in Genf 21 Barackenkirchen nach Deutschland – u.a. nach Hamburg und Kiel. Doch bereits zuvor, im Oktober 1946, war in Hamburg ein vom Ökumenischen Rat in Genf gestiftetes Not-Gotteshaus aus Holz eingetroffen, das die 1943 niedergebrannte 250 Jahre alte Dreifaltigkeitskirche in Hamm ersetzen sollte.

Aber: Auch in der Zeit der Entbehrungen hatte Hamburg einen Blick für die Not ringsum. So kamen im Mai 1946 bei der ersten Straßensammlung nach dem Zweiten Weltkrieg für den Fürsorgefonds der Jugend der Deutschen Hilfsgemeinschaft (DHG), Körperschaft des öffentlichen Rechts und Dachorganisation der karitativen und sozialen Verbände der Hansestadt, mehr als eine halbe Million Mark in die Sammelbüchsen – statistisch 40 Pfennig pro Einwohner. Damit wurden Kinderspeisungen und -bekleidung bezahlt. Ein halbes Jahr später, im Oktober 1946, hatten 85.000 Hamburger zehneinhalb Millionen Mark gespendet. Etwa sieben Millionen davon haben Bedürftige und Hilfsorganisationen erhalten, eine halbe Million diente der Finanzierung von Schul- und Kleinkinderspeisungen. Darüber hinaus hatte die DHG bis dahin über eine Million verschiedener Kleidungsstücke und 37.000 Paar Schuhe an 120.000 Menschen verteilen und 60 Lager mit Bibliotheken ausrüsten können.

■ Soldaten der britischen Besatzungsmacht wollen *Hamburger Kinder* zu sich einladen und ihnen eine weihnachtliche Kindergesellschaft geben. Eine Hamburger Einheit plant eine gemeinsame Feier für englische und deutsche Kinder. Die Soldaten der Royal Air Force in Köln-Wahn basteln in ihrer Freizeit Spielzeug, das bedürftigen deutschen Kindern zu Weihnachten geschenkt werden soll. Die Flieger wollen einen Teil ihrer Lebensmittelrationen für die Weihnachtsbescherung deutscher Kinder zur Verfügung stellen. DW, 5.12.46

■ Die freie Wohlfahrtspflege Hamburg fordert zu *Nachbarschafts- und Nächstenhilfe* auf – zum Beispiel mit der Übernahme kleiner Wege zum Einkauf oder zur Anmeldung und Abholung der Winterspeisung des Roten Kreuzes. Die Markenabgabe für sechs Tage beträgt 50 Gramm Fleisch, 12 Gramm Fett, 200 Gramm Brot, 150 Gramm Nährmittel, 1250 Gramm Kartoffeln und eine für vier Wochen geltende Fischmarke. HE, 10.1.47

■ Der verantwortliche Offizier des englischen Hospitals 94 (früheres Allgemeines Krankenhaus Barmbek) hat für deutsche Kinder auf dem Hospitalgelände *Wärmeräume* zur Verfügung gestellt. Sie sind von 9 Uhr bis zum Dunkelwerden geöffnet. HE, 14.1.47

■ Einwohner aus Eppendorf haben zahlreiche in Nissenhütten lebende Kinder zu sich nach Hause geholt. Es stehen jetzt noch 40 *Privatquartiere* zur Verfügung, um Kinder während der gegenwärtigen harten Winterzeit wenigstens in der Nacht warm unterzubringen. Die Hamburger SPD fordert ihre Mitglieder auf, in diesem Geiste sofort helfend einzugreifen und sich beim *Hamburger Echo* zu melden. HE, 14.1.47

■ *Dr. Wolfgang Stresemann*, Sohn Gustav Stresemanns (1878–1929, 1923 für kurze Zeit Reichskanzler und bis zu seinem Tod deutscher Außenminister) dirigierte in New York ein Konzert zugunsten hungernder deutscher Kinder. HA, 14.2.47

Aufschwung im Hafen Hamburg –
US-„Liberty"-Flotte für Versorgung?

Deutsche Schiffe sind nicht zu grüßen

Vereiste Elbe, keine Kohle: Hamburgs Hochseefischerei liegt still

Gerade einmal 1456 BRT wies die Söderhamm, Deutschlands größtes Seeschiff nach Ende des Zweiten Weltkrieges, auf – und entsprach damit eben noch den Bestimmungen des Potsdamer Abkommens vom 2. August 1945. Danach waren Deutschland nur Fahrzeuge für die Küstenschifffahrt bis 1500 BRT gestattet mit maximal zwölf Knoten und einem auf 2000 Meilen begrenzten Aktionsradius, deren Ladegeschirre nicht mehr als drei Tonnen hieven konnten. Für alle Schiffe mit mehr als 33,5 Meter Länge waren Dampfkolbenmaschinen mit Kohlefeuerung vorgeschrieben. Der Bau hochseegehender Schiffe war untersagt, die gesamte Handelsflotte dem Alliierten Kontrollrat unterstellt.

Die deutsche Seeschifffahrt 1947: Das waren noch 107 Dampfer mit zusammen knapp 99.000 Tonnen Tragfähigkeit und 315 Motorschiffe mit 67.500 Tonnen, zusammen 422 Einheiten. Das Durchschnittsalter der Dampfer betrug 40, das der Motorschiffe (100 bis 300 BRT) 30 Jahre – doppelt so hoch wie in der Vorkriegszeit. Das älteste, die Pionier, fuhr bereits seit 73 Jahren.

Als Fahrzeuge einer besiegten und besetzten Nation waren die Schiffe zur Führung der internationalen Signalflagge „C" verpflichtet: fünf waagerechte Streifen (blau-weiß-rot-weiß-blau) mit herausgeschnittenem Dreieck. Das war lediglich eine Erkennungsflagge. Ihr waren keine Ehrenbezeigungen zu erweisen und sie durfte auch nicht zum Gruß von Handels- und Kriegsschiffen gedippt werden.

Vor dem Krieg umfasste die deutsche Handelsflotte über fast vier Millionen BRT und 60.000 Seeleute – weitere 20.000 Personen waren an Land tätig –, so dass etwa 250.000 Menschen ihren Unterhalt durch die Schifffahrt hatten. Bei Kriegsende waren es noch 1,4 Mill. BRT, von denen 1,2 Mill. von den Alliierten beschlagnahmt wurden. 114.000 BRT seefähige Tonnage ließ die britische

Militärregierung mit Gasmunition füllen und versenken, der Rest war nicht mehr auffind- oder unbrauchbar. Nach 1945 bot die Handelsschifffahrt nur noch 4000 Menschen Lohn und Brot.

Der Hafen Hamburg verfügte 1947 lediglich noch über 40 Prozent seiner Vorkriegsleistung. Von den 3000 Binnenschiffen Hamburgs war nur ein Drittel mit 420.000 t Tragfähigkeit geblieben. Durch die sowjetische Zonengrenze war Hamburg zudem von den mitteldeutschen Industriegebieten und der Tschechoslowakei abgeschnitten. Der Binnenschiffsverkehr Hamburgs wies 1938 fast zehn Millionen Tonnen auf, davon mehr als neun Millionen für die Tschechoslowakei, 1946 waren es noch 1,3 Mill. (davon Tschechoslowakei 260.000 t), Der Transitverkehr der Tschechoslowakei über Hamburg erreichte lediglich noch 28 Prozent des Vorkriegsvolumens.

Der Hafen Hamburg verfügte 1947 lediglich noch über 40 Prozent seiner Vorkriegsleistung. Doch bis Ende des Jahres waren bereits beachtliche Wiederaufbauleistungen beendet worden. Foto: Denkmalschutzamt Hbg., Bildarchiv/ Andres

Hamburgs Hafen war jedoch in den ersten Nachkriegsjahren der wichtigste Stützpunkt für die Versorgung der britischen Zone. Von Januar bis Ende September 1946 wurden 970.000 t Lebensmittel gelöscht, die Hälfte ihrer Einfuhr (in der ersten Märzwoche 1947 waren es mit zehn US-Frachtern – Weizen, Mais, Gerste – fast 85.000 Tonnen, eine bis dahin nicht erreichte Menge). Insgesamt hatten 1946 im ersten Dreivierteljahr 2296 Seeschiffe mit 1,73 Mill. NRT Hamburgs Hafen angelaufen, davon waren aber 1092 lediglich Küstenschiffe mit zusammen 110.000 NRT, was gerade 6,5 Prozent des Gesamtverkehrs ausmachte. Am Ergebnis des Hamburger Hafens in diesem Zeitraum war die verbliebene kleine deutsche Handelsflotte mit nur 11.545 Tonnen oder 3,2 Prozent des gesamten Warenverkehrs beteiligt – ein neuer Tiefstand und generell ein Fingerzeig auf die gegenwärtige Lage: Im Vergleich zur Vorkriegszeit hatte der Hafen Hamburg gerade 11,2 Prozent der Tonnage und 16,2 Prozent des Güterverkehrs erreicht, war also nur zum geringsten Teil ausgenutzt.

Das sollte sich vorerst auch nicht ändern. Denn die Abwicklung des Seeverkehrs für die britische Zone über Hamburg hatte im März 1947 die Regierungen Belgiens und der Niederlande hellhörig werden lassen. Sie schlugen der Bizone vor, für die Teile des von ihr besetzten Deutschlands, die einen normalen und natürlichen Zugang über den Rhein haben, die Häfen Rotterdam und Antwerpen zu benutzen. Das fand in den beiden Hauptquartieren Gehör: Nach Prüfung dieser Vorschläge wurde entschieden, die norddeutschen Häfen nur noch für den Umschlag anzulaufen, der am wirtschaftlichsten über diese zu leisten ist, womit der Verkehr wieder in seine normalen Wege zurückgeleitet werden solle. Die Folge: Obwohl die Konossemente (Frachtbriefe) auf deutsche Nordseehäfen ausgestellt waren, hatten mehrere Getreidedampfer aus Übersee während der Passage die Anweisung erhalten, die genannten Häfen Rotterdam und Antwerpen anzulaufen.

Das hatte auch den Zuspruch der Internationalen Transportarbeitervereinigung gefunden. Sie plädierte zwar für angemessen gute Lebensbedingungen ihrer 7500 Kollegen im Hafen Hamburg (davon 3500 Facharbeiter), wusste aber auch, dass gegenwärtig nur 15 Prozent der Hamburger Hafenkapazität in Anspruch genommen wurden. Die Vereinigung sah also die Möglichkeit einer positiven Entwicklung der norddeutschen Anlagen, die nach ihrer Einschätzung zu Lasten der Anlagen der Niederlande gehen könnte.

Denn: Der Hafen als Schlagader der Hamburger Wirtschaft hatte trotz allem wieder beträchtlich aufgeholt. Wie Senator Otto Borgner verlauten ließ, waren in der Nachkriegszeit bis Ende 1947 bereits für 60 Millionen Reichsmark Wiederaufbaumaßnahmen abgeschlossen worden – von 150.000 m^2 Kaischuppen- und 44.000 m^2 Speicherfläche, von 21 Brücken, 270 Kränen und 156 km Gleis. 1947 verbuchte er einen Warenumschlag von sechs Millionen Tonnen, 46 Prozent davon entfielen auf den außereuropäischen Verkehr.

Im März 1947 machten Hamburgs erwerbslose Seeleute einen Hoffnungsstreifen am Horizont aus. Der frühere US-Präsident Herbert Hoover hatte im Anschluss an einen Deutschlandbesuch vorgeschlagen, 75 stillgelegte Schiffe der Vereinigten Staaten mit deutscher Besatzung auszustatten und wöchentlich sieben Schiffe in US-Häfen mit Saatkartoffeln, Kartoffeln, Sämereien und Kunstdünger für Deutschland zu beladen. Durch den Einsatz deutscher Besatzungen sollten sich damit die Aufwendungen der USA und England für die Versorgung der Bizone um jährlich bis zu 45 Millionen Dollar reduzieren.

Bei den Schiffen handelte es sich um Einheiten der ausgemusterten „Liberty"-Klasse – insgesamt 2750 einheitlich gewissermaßen im Fließbandverfahren von 1941 bis 1945 zum Ausgleich von Kriegsverlusten der USA gebaute Frachter von

Senator Otto Borgner Leiter des Landeswirtschaftsamtes Hamburg, konnte anlässlich der Ausstellung „Hamburg am Werk" (1948) auf eine beachtliche Aufbauleistung im Hafen hinweisen.
Foto: NN/Ausst.-Katalog „Hamburg am Werk", 1948

Der Versorgungskoordinator der Bizone, der frühere US-Präsident Herbert Hoover, wollte für die Getreideeinfuhr aus Übersee 75 ausgemusterte Schiffe der „Liberty"-Klasse mit deutschen Crews einsetzen.
Foto: dpd-Dena/HE

je 7176 BRT mit einer Tragfähigkeit von 10.500 t und einem Fahrbereich von 17.000 Seemeilen.

Der Vorschlag Hoovers rief einen Andrang deutscher Seeleute auf den Arbeitsämtern hervor, schließlich wären nach damaligem Stand pro Schiff etwa 40, insgesamt also 3000 Posten zu besetzen gewesen: Allein auf die erste Verlautbarung des Hoover-Plans meldeten sich 9000 Bewerber, die sich aber noch einer Prüfung ihrer politischen Ansichten zu stellen hätten. Doch der amerikanische Kongress vertagte die Beratung über diesen Vorschlag auf unbestimmte Zeit.

Die Nachkriegsentwicklung der deutschen Fischereiflotte war parallel zu der der Handelsmarine verlaufen. Vor 1939 umfasste sie in den Häfen Bremerhaven/Wesermünde, Cuxhaven und Hamburg insgesamt 406 Einheiten (Hamburg: 83), im April 1948 zählte sie nur noch 98 Fahrzeuge. Nach Rückgabe von für die einstige deutsche Kriegsmarine requirierten und nun zurück zu bauenden Kutter sowie Auslieferung jetzt halbfertiger Neubauten sollte die Flotte 163 Einheiten zählen und in der Lage sein, etwa ein Fünftel des Vorkriegsfanges (1938: 717 Mill. Kilo, Juni 1945 bis April 1946 68 Mill. Kilo) anzulanden – unter der Voraussetzung, dass die anhaltende Kälteperiode 1946 und, noch entscheidender, ausreichend Brennstoff die Fangreisen überhaupt möglich machten. Doch im Februar 1947 hatten die Fischdampfer und Hochseekutter in den drei genannten Haupthäfen nur 4900 Tonnen Seefisch anlanden können, gerade die Hälfte des Vormonats. Wegen Mangels an Bunkerkohle waren in der letzten Februarwoche 1947 nur zwei Fangreisen Hamburger Fischdampfer nach Island möglich gewesen – mit einer Ausbeute von lediglich 3470 dz Fang. Drei in dieser Zeit dringend erwartete größere Fahrzeuge konnten Hamburg wegen Vereisung der Elbe nicht ansteuern.

Um so mehr wurde im März 1947 der 550-Tonnen-Fischdampfer Thetis in Finkenwerder willkommen geheißen: Nach einer Reise von 22 Tagen brachte er 4040 Korb (= Zentner) Seelachs und Kabeljau mit und 4400 Liter Tran – der größte Fang Hamburger Fischer im Winter 1947. Doch die neue Ausreise war von Kohlenlieferungen abhängig. Mit der Thetis warteten bereits 30 weitere Fahrzeuge auf Kohle – ein kleineres brauchte für eine Reise 125 Tonnen, ein großes 250. Um allein die Hamburger Flotte wieder auf Fang schicken zu können, waren 3500 bis 4000 Tonnen erforderlich. Als Erstversorgung sollten deshalb per LKW 300 Tonnen aus Lübeck angefahren werden, weitere 1000 Tonnen wollten mit einem Kohlenschiff aus Emden kommen.

Ende März schließlich waren für die Hamburger Fischdampfer 5000 Tonnen Kohle eingetroffen, womit die heimische Flotte wieder auslaufen und helfen konnte, die wenigen Kalorien zu ergänzen, wie die *Hamburger Allgemeine* bemerkte. Gleichzeitig aber wurde im Hafen Altona (acht große und zwölf kleinere Fahrzeuge) registriert, dass von den täglich zugesagten 300 Tonnen Kohle im Wesentlichen nur 180 eintrafen – 120 Tonnen waren während des Transports gestohlen worden. Und: Den Fischern wurde die ohnehin mühevolle Arbeit zusätzlich durch Mangel an Wollzeug, Handschuhen und Strümpfen erschwert.

Hätte es noch eine deutsche, nunmehr verbotene Walfangflotte gegeben, hätten sich durch den sehr ergiebigen und ernährungsphysiologisch äußerst wertvollen Tran die knappen Fettrationen von zugesagten, aber nicht immer einhaltbaren 200 Gramm Fett pro Zuteilungsperiode aufrecht erhalten lassen können. Immerhin hatte die letzte deutsche Fangsaison 1937/38 über 92.000 Tonnen Waltran eingebracht. Deutsche Kreise nahmen deshalb mit den Alliierten Verhandlungen auf, das im Hamburger Hafen liegende ehemalige Kraft-durch-Freude-Schiff ROBERT LEY zu einem Walfänger umzubauen, eventuell auch die in Kiel liegende, schwer beschädigte ST. LOUIS der Hamburg-Süd. Das in der Lübecker Bucht liegende ehemalige Walfangmutterschiff JAN WELLEM kam dafür nicht mehr in Frage, weil es von der Besatzungsmacht abgewrackt und nicht mehr zu reparieren war. Ein deutscher Walfang wäre nach alledem erst 1948/49 möglich gewesen – doch so weit ist es nicht gekommen.

Aufgelesen

■ Der *Minenräumdienst der britischen Admiralität* gab bekannt, dass die Gewässer um die britische Insel etwa im Juli 1946, die nordwesteuropäischen ungefähr ein Jahr später minenfrei sein werden. Während des Krieges sind über eine halbe Million Minen gelegt und ca. 23.500 deutsche geräumt worden. Seit Kriegsende sind in europäischen Gewässern 12.000 beseitigt worden. Dennoch sind in dieser Zeit in diesem Gebiet 72 Handelsschiffe oder Fischereifahrzeuge aller Nationen auf Minen gestoßen, 51 sind gesunken. Da im Zweiten Weltkrieg doppelt so viele dieser Kampfmittel wie im Ersten und dazu solche unterschiedlicher Typen ausgelegt worden sind, gestalte sich das Räumen gegenwärtig ungleich schwieriger als nach 1918. HA, 2.4.46

■ Die britische Militärregierung hatte für *Arbeiten im Hamburger Hafen* beim Arbeitsamt 200 Mann angefordert, welche dieses jedoch nicht stellen konnte. Daraufhin wurden Betriebe verpflichtet, je einen Mann zu stellen. Es wurden 87 ermittelt und dem Hafen zugewiesen, Von denen hatten sich 36 im Hafen gemeldet; 32 mussten jedoch wegen Untauglichkeit entlassen werden, so dass noch vier nachblieben. Man hat sich gelegentlich daran erinnert, dass unter den zurückgehaltenen Kriegsgefangenen genügend Spezialisten für den Hafen zu finden sind. Man hat auch daran gedacht, sie zu entlassen. Leider ist das bisher noch nicht geschehen. HFP, 1.2.47

■ Da die Hafenwirtschaft Hamburg einen erheblichen *Mangel an geschulten Facharbeitern und Seeleuten* hat, soll die britische Militärregierung angeregt werden, alteingearbeitete Kräfte des Hafens beschleunigt aus der Kriegsgefangenschaft zu entlassen. Der Hamburger Wirtschaftsausschuss fordert deshalb die Familien dieses Personenkreises auf, ihm die Lageradressen des betreffenden Angehörigen mitzuteilen. HE, 7.2.47

■ Die einzigen drei *Fischräuchertürme* der Welt, in denen täglich bis zu 15.000 Kilo Bücklinge verarbeitet werden können, wurden von der Großeinkaufsgenossenschaft wieder in Betrieb genommen. In den ersten beiden Wochen dieses Monats, als die Altonaer Räucherei mit nur einem der drei Türme wieder anlief, sind bereits 116.000 Kilo Fisch verarbeitet worden. HA, 25.2.47

■ Der Hamburger Frachter WERNER ist von seiner ersten *Nachkriegsfahrt* mit Grubenholz nach England (Boness) mit einer in Hull an Bord genommenen Ladung Lumpen für deutsche Textilfabriken nach Hamburg zurückgekehrt. Die 14 Mann Besatzung hatten uneingeschränkten Landurlaub und konnten in England nicht bewirtschaftete Waren wie Zigaretten, Kaffee und Kakao einkaufen. Allerdings hatten sie dafür nur zwei Schilling und sechs Pence pro Tag zur Verfügung. DW, 22.3.47

■ Am 18. März 1947 wurde von der Getreideheber-GmbH mit Löschen von 11.000 Tonnen *Weizen und Mais* der US-Dampfer RICHARD RUSH und GEORGE FARLEY mittels zehn Hebern ein Nachkriegsrekord im Hafen Hamburg erreicht. HA, 25.3.47

■ Um den Mangel an leitenden Fachkräften in der Fischerei zu beheben, haben Hamburger Behörden bei der britischen Militärregierung beantragt, an den Seefahrtsschulen *Lehrgänge für Kapitäne und Steuerleute in der Hochseefischerei* zu genehmigen.
HE, 28.3.47

■ *Deutsche Fischdampfer* können jetzt wieder die Fanggebiete bis zur Grenze der norwegischen Fischgewässer erweitern. 1937 ist in diesem Gebiet ein gutes Drittel des deutschen Grundfischfanges geholt worden. Das Fishery Control Board in Hamburg gab bekannt, dass die Hochseefischerei täglich 1000 Tonnen Kohlen erhalten wird – ausreichend, um täglich fünf Fahrzeuge mit Bunkerkohle ausstatten zu können. DW, 29.3.47

Trümmer in Massen, Schätze im Schutt, aber:

Ein Wiederaufbau mit Bremsspuren

„Staatlicher Bauapparat ist aufgebläht wie zur Nazizeit"

Hamburg hatte Ende 1939 gut 550.000 Wohnungen, 1945 waren es noch 267.000. Die Stadt wies ein Trümmervolumen von 40 Millionen Kubikmeter auf. Mit diesem Schutt hätte man auf der Grundfläche der Binnenalster eine Säule von 210 Metern Höhe aufrichten können – anderthalbmal so hoch wie der Turm des Michel. Mit Hilfe schwersten Gerätes wurden täglich 4000 Kubikmeter geräumt und ausgewertet: Eisenträger, Heizkörper, Rohrleitungen, Öfen, Installationsmaterial – in der zerstörten Hinterlassenschaft des Krieges fanden sich reichlich Materialien für die Wiederverwertung, für den Wiederaufbau, dessen Kosten damals auf 2,7 Milliarden RM geschätzt worden waren. Bis Ende des ersten Quartals 1946 waren dafür rd. 67 Millionen Backsteine und 2300 Tonnen Eisenträger geborgen worden. Und was sich nicht einer neuen Verwendung zuführen ließ, wurde zu Split verschiedener Körnung verarbeitet – zur Herstellung von Hohlziegeln, für Dachpfannen, für den Straßenbau –, aber auch als Füllmasse, u. a. für den an der Börsenbrücke endenden Hafenarm des Nicolaifleets.

Im Januar 1946 zählte Hamburg knapp 1,38 Millionen Einwohner und verfügte dank bescheidenen Wiederaufbaus über 287.000 Wohnungen, was einer Wohndichte von 4,8 Personen pro Wohnung entsprach. Im Dezember 1946 war die Einwohnerzahl auf 1,43 Millionen gestiegen, der Bestand an Wohnraum infolge Umquartierungen aus Kellern und Bunkern sowie Beschlagnahme indes auf 280.500 gefallen, so dass sich jetzt statistisch 5,1 Personen eine Bleibe teilen mussten. Durch Zuzug und Beschlagnahme von Wohnraum durch die Militärregierung war ein weiteres Ansteigen der Belegung zu erwarten. Im Vergleich mit dem Gesamtgebiet der britischen Zone nahm das bombenzerstörte Hamburg aber keine Sonderstellung ein. Auch hier war der Wohnungsbestand Anfang 1946 auf 52,5 Prozent des Jahres 1943 zurückgegangen und die Personenzahl pro Wohnung von 3,2 auf 5 Personen gestiegen.

Statt der gut 550.000 Wohnungen im Jahre 1939 zählte Hamburg im Winter 1947 nur noch 287.000. Allerdings umfasste der Begriff „Wohnung" einen höchst unterschiedlichen Standard: Sowohl Nissenhütten (Foto oben) als auch Unterkünfte in Bunkern (Foto unten) wurden dazu gezählt. Fotos: Denkmalschutzamt Hbg., Bildarchiv/ Andres

Was aber in der ersten Nachkriegszeit in Hamburg als Wohnung galt, hatte einen höchst unterschiedlichen Standard. Er reichte von mit „Einquartierungen" belegten, zumeist behelfsmäßig zu heizenden Bleiben in unzerstörten Gebäuden über notdürftig ausgebaute Lauben und Gartenhütten, über Kellerlöcher und Bunker bis zu den Nissenhütten – wie längs halbierte Großtonnen aussehende Wellblechunterkünfte, die der kanadische Ingenieur Peter Norman Nissen im Ersten Weltkrieg für die britische Armee als schnell zu errichtende Unterkünfte entworfen hatte.

Wie sich das Leben im Januar 1947 für 10.000 darin hausende Hamburger gestaltete, schilderte ein Vertreter des Reichsbundes der Körperbehinderten und Hinterbliebenen. Für zwölf Männer standen zur Körperpflege und zum Geschirrspülen gerade zwei Schalen zur Verfügung, ebenso nur zwei Kannen für Getränke, Bettwäsche wurde im Sechs-Wochen-Turnus gewechselt. Bekleidung gab es so gut wie gar nicht, es fehlten Nähzeug, und Rasierklingen, Taschengeld: 50 Pfennig pro Tag. Die Fußböden waren aus Stein, die – nicht isolierten – Wellbleche undicht, im Innern wirbelten Schneeflocken. Bei gelegentlich ausreichendem Brennstoff glühte zwar der Ofen, aber nicht weit von ihm entfernt herrschte Eiseskälte. Zur Beleuchtung mussten zwei Glühbirnen von je 25 Watt reichen, Die Insassen, so der Reichsbund, erwarten keine pompösen Einrichtungen, sondern nur, dass ihnen ein menschenwürdiges Dasein geboten wird; immerhin haben sie das Höchste des Menschen, ihre Gesundheit, opfern müssen.

Mehrere Gründe waren dafür ausschlaggebend, dass es mit dem Wiederaufbau der zerstörten Stadt nur schleppend voranging. Zur Herstellung von Baumaterial hatte die britische Zone 1946 etwa 120.000 Tonnen Kohlen pro Monat zu Verfügung, in den ersten beiden Monaten 1947 waren es nur noch 30.000 t monatlich – mit der Folge, dass die bisher schon unzureichende Baustoffproduktion auf rund ein Viertel der bisherigen Erzeugung zurückging und demzufolge für das Frühjahr 1947 kaum Material zur Verfügung stand. Erschwerend war zudem, dass die Hamburger Bauwirtschaft voll ausgelastet war. Zwar zählte sie 50.000 Beschäftigte, darunter aber nur 14.000 Fachkräfte. Im Februar 1947 nahm die Bauverwaltung deshalb weder Bauanträge entgegen noch erteilte sie Genehmigungen. Über die bereits vorliegenden Anträge wurde nach Maßgabe des verfügbaren Materials entschieden, und zwar – ausdrücklich hervorgehoben – unter Anlegung eines scharfen Maßstabes.

Hamburgs Bausenator Paul Nevermann (1902–1979) hatte zudem zu beanstanden, dass der Aufbau für gewerbliche Zwecke erheblichen Vorrang hatte vor dem von Wohnungen: Für das Gewerbe waren 27 Prozent der Arbeitskräfte im Einsatz, für den Wohnungsbau keine vier. Es wurde zudem erheblich mehr Baumaterial bewilligt als angeliefert: Für Mai bis Dezember 1946 war für Hamburg ein Bauvolumen von 200 Millionen Reichsmark genehmigt worden, es konnten davon infolge fehlender Baustoffe aber nur 84 Millionen ausgeführt werden.

40 Millionen Kubikmeter Trümmer waren das Erbe des Zweiten Weltkriegs in Hamburg. In den beiden ersten Jahren der Nachkriegszeit wurden täglich 4000 Kubikmeter geräumt und ausgewertet. Geborgene Güter wie Eisenträger, Heizkörper, Rohrleitungen, Öfen und Installationsmaterial dienten der Wiederverwertung. Foto: Denkmalschutzamt Hbg., Bildarchiv/Germin

Um die Zufuhr von Material zu forcieren, wurde im Mai 1946 in der Bürgerschaft darüber diskutiert, alle männlichen Jugendlichen Hamburgs ab 15 und Männer bis 50 Jahre in der Sommerzeit zu verpflichten, monatlich 50 Ziegelsteine aus den Trümmern zu sammeln – eine Arbeitsleistung von vier Stunden. Ein entsprechender Antrag scheiterte an den Fraktionen der Sozialdemokraten und Kommunisten, wurde aber zur Beratung einem Ausschuss weitergeleitet.

Paul Nevermann, 1945/46 Sozialsenator, 1946–53 u. 1957–60 Bausenator; 1950–53 Zweiter Bürgermeister, 1961–65 Erster Bürgermeister. Foto: NN/Ausst.-Katalog „Hamburg am Werk", 1948

Ein weiterer entscheidender Punkt für die schleppende Entwicklung auf dem Bausektor in Hamburg lag in der übernommenen und durch Vorschalten der britischen Behörden schwerfälligen Bürokratie. Der staatliche Bauapparat, so der Hamburger Architekt Otto Gühlck, aufgebläht wie er vom tausendjährigen Reich übernommen wurde, hatte es nicht geschafft, die wenigen Baustoffe an die richtige Stelle zu bringen.

Aber nicht nur die örtlichen Gegebenheiten waren dafür heranzuziehen. Über die Verteilung von Baumaterial, so Nevermann, stritten sich in den vier regionalen Militärregierungen 43 englische Dienstellen. Da galt die Hoffnung des Hamburger Bausenators im Februar 1947 schon als Ausdruck erheblichen Fortschritts, Baustoffe für Kleinstreparaturen bis 100 Mark bald möglicherweise direkt über die Hamburger Ortsdienststellen verteilen zu können.

Aufgelesen

■ Das *Aufräumungsamt der Bauverwaltung Hamburg* beabsichtigt, die nachstehend aufgeführten Häuserruinen abzureißen. Die Hauseigentümer werden gebeten, etwaige Ansprüche bis 25. Januar 1947 geltend zu machen: Quickbornstraße 30, Blücherstraße 23, 33/35; Scharnhorststraße 3/Ecke Blücherstraße, Scharnhorststraße 2, 4, 6; Kottwitzstraße 12, Contastraße 5, 12, 14; Einzelhaus Gärtnerstraße 66, Gärtnerstraße 72, 88, 118, 122; Bismarckstraße 96, Gneisenaustraße 14, 16; Roonstraße 2, Heidestraße 10, 12, 14, 20, 22, 21, 23, 25; Goßlerstrasse 71, Lenhartzstraße/Ecke Haynstraße, Wrangelstraße 38, 40; Eppendorfer Weg 211, Abendrothstraße 51, 53, 60, 72, 73; Neumünstersche Straße 21, 23, 30, 32; Falkenried 56, 58, 60. FP, 11.1.47

■ Die Zahl der *Wohnungsbrände* hat sich mit 1300 gegenüber normalen Jahren mehr als verdoppelt. Die Brände wurden größtenteils durch Überheizung mit primitiven Feuerstellen hervorgerufen. HE, 28.2.47

■ Der *Wiederaufbau einer bombengeschädigten Villa* in Wandsbek mit allem Luxus wie Garage, Heizung und Spiegelscheiben sorgt in der Öffentlichkeit für Aufsehen. Die Beschaffung der Materialien, an denen Deutschland Not leidet, und die Vielzahl der dort tätigen Arbeitskräfte stehen in einem merkwürdigen Gegensatz zu wackeligen Wohnlauben, Unterkünften in zerfallenen Kellern, erfrorenen Bewohnern von Bretterbuden und eispalastartigen Nissenhütten. Die Bauveraltung hat auf Anfrage mitgeteilt, dass der Bauherr, ein bekannter Pferdesportler und -trainer, die Genehmigung zur Reparatur seines Hauses weit überschritten hat. Der Fall wird nun der Staatsanwaltschaft übergeben; das Wohnungsamt wird dem Auftraggeber den Wohnraum entziehen, um andere Familien einzuweisen. HE, 18.3.47

Todesurteile an der Rothenbaumchaussee

Neuengamme, Ravensbrück: „Reise durch den letzten Akt“

In den beiden ersten Nachkriegsjahren wurde ein traditionsreiches Gebäude Hamburgs weit über die Hansestadt hinaus bekannt: das Curiohaus in der Rothenbaumchaussee. Hier fand ein Teil der juristischen Aufarbeitung des Naziregimes statt – vor allem mit zwei Prozessserien der britischen Militärjustiz. In der ersten, die am 18. März 1946 begann, hatten sich Verantwortliche und Mittäter des Konzentrationslagers Neuengamme zu verantworten; erst im Dezember 1949 wurde diese Verfahrensfolge abgeschlossen. Schon im Anfangsverfahren gegen 14 SS[1]-Offiziere, das im Mai 1947 endete, wurden elf Todesurteile verhängt und im Zuchthaus[2] Hameln vollstreckt. Diese Gerichtsverhandlungen sind in die Rechtsgeschichte als *Curiohaus-Prozesse* eingegangen.

Die zweite Kette von Verfahren im Curiohaus waren die *Ravensbrück-Prozesse* gegen 38 Angeklagte des Führungspersonals und einige Mitläufer des Frauen-Konzentrationslagers Ravensbrück. Laut Anklageschrift sind dort mehr als 150.000 Frauen gefangen gewesen. Rund 15.000 wurden im April 1945 befreit; über 5000, so die Anklage, sind in diesem Konzentrationslager vergast worden.

Der erste von insgesamt sieben Prozessen mit 16 Angeklagten – neun Männer, sieben Frauen; Funktionäre und Funktionshäftlinge (Kapos = Kameradschaftspolizei) – dauerte vom 5. Dezember 1946 bis zum 3. Februar 1947. Fünf Frauen, darunter drei Kapos, und neun Männer wurden zum Tode verurteilt. Der letzte begann und endete im Juli 1948. Insgesamt hatten sich 38 Funktionäre beiderlei Geschlechts zu verantworten, darunter 21 Frauen. Zusammen mit einem von französischer Militärjustiz in Rastatt/ Baden gefällten Todesurteil gegen zwei Ravensbrück-Täter sind

1 Schutz-Staffel: eigenständige, paramilitärische Organisation innerhalb der NSDAP (Nationalsozialistische Deutsche Arbeiterpartei).

2 Zuchthaus, Zuchthausstrafe: Mit Strafrechtsreform vom 25.6.1969 in der BRD abgeschafft. Seither einheitliche Freiheitsstrafe (Einheitsstrafe).

in den Ravensbrück-Prozessen 21 Todesurteile ausgesprochen und größtenteils – ebenfalls im Zuchthaus Hameln – vollstreckt worden. Einige konnten jedoch infolge Selbsttötung der Delinquenten nicht ausgeführt werden; einige Urteile wurden in Haftstrafen geändert.

Der erste Ravensbrück-Prozess hatte für Hamburg auch deshalb eine besondere Bedeutung, weil Isa Vermehren als Zeugin aussagte. 1918 in Lübeck geboren, wurde sie 1933 des Gymnasiums verwiesen, weil sie der Hakenkreuzfahne den Gruß verweigerte. Im Berliner literarisch-politischen Kabarett *Katakombe* von Werner Finck (1902–1978) machte sie sich einen Namen – mit Spitzfindigkeiten gegen das braune Establishment, aber auch mit ihrer Ziehharmonika und u. a. dem Gassenhauer *Eine Seefahrt, die ist lustig*, den sie mit einem politisch eindeutig oppositionellen Text versah.

Nachdem die Nazis 1935 die *Katakombe* schließen ließen, holte Isa Vermehren das Abitur nach und konvertierte 1938 zum katholischen Glauben. Anfang 1944 lief ihr im deutschen diplomatischen Dienst stehender Bruder zu den Briten über, was die Gestapo (Geheime Staatspolizei) mit Sippenhaft für sie und ihre Angehörigen ahndete. Das hieß für Isa Vermehren: Konzentrationslager Ravensbrück, Buchenwald und Dachau.

Nach ihrer Entlassung 1945 hielt sie ihre Leidenszeit in dem Buch *Reise durch den letzten Akt* fest, das 1946 im Christian-Wegner-Verlag Hamburg erschien – eine bewegende, eindrucksvoll geschilderte Darstellung einer zu Ende gehenden Apokalypse, miterlebt im und am untersten Bodensatz des auf den Abgrund zugesteuerten deutschen „Herrenvolks". Sie widmete ihre *Reise durch den letzten Akt* dem Gedenken an ihre umgekommenen und überlebenden Freunde.

Einem großem Publikum wurde Isa Vermehren durch eine tragende Nebenrolle in dem – ersten in der britischen Zone 1947 gedrehten – Spielfilm *In jenen Tagen* bekannt.[3] Ihren Wunsch, Ordensfrau zu werden, hatte sie nicht aufgegeben. Nach Ende eines Studiums an der Universität Bonn trat sie 1951 in die Kongregation der „Schwestern vom Heiligsten Herzen Jesu" ein und

3 Siehe auch *Aufbruchstimmung an Alster und Elbe*, S. 124 f.

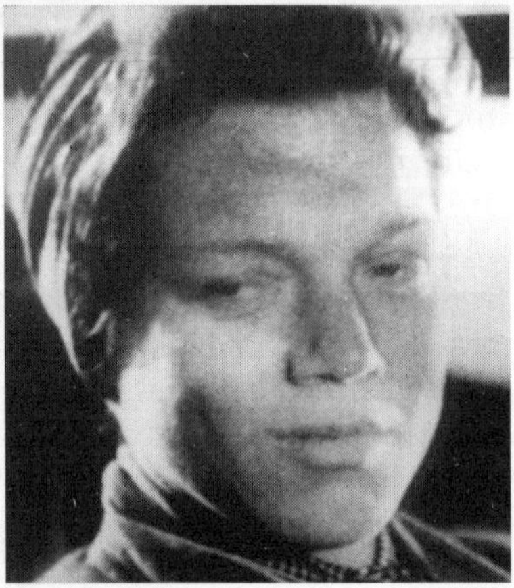 

Isa Vermehren 1947 in dem Käutner-Film „In jenen Tagen" und als Ordensfrau, die weit über Hamburg hinaus bekannt wurde – durch das ARD-„Wort zum Sonntag", das sie von 1983 bis 1995 verkündete. Fotos: Schreiber

wurde nach Tätigkeiten als Gymnasiallehrerin und -leiterin in Bonn 1969 mit der Direktion der katholischen Sophie-Barat-Schule in Hamburg betraut, wo sie bis zu ihrer Pensionierung 1983 wirkte. Dem schloss sich eine zwölfjährige Tätigkeit im ARD-Fernsehen an – im „Wort zum Sonntag".

In ihrer *Reise durch den letzten Akt* ging Isa Vermehren in einem Kapitel auch auf die Aufseherinnen im Konzentrationslager Ravensbrück ein: Frauen einfachsten Zuschnitts, klobige SS-Uniformen in „hässlicher Uneleganz", kulturell und intellektuell betont anspruchslos, mit ausgeprägter Unempfindlichkeit gegen Schicksale; triviale Mädchen, „von denen kaum eine mehr zu bedenken schien als die nächste Mahlzeit", geködert von der SS mit gutem Gehalt – und der Garantie für eine Macht, die ihnen in einer anderen Tätigkeit aufgrund ihrer beschränkten Fähigkeiten versagt geblieben wäre.

Der Aufseherin Margarete Mewes, seit 1939, damals 22 Jahre alt, in Diensten des SS-Wachpersonals Ravensbrück, attestiert der Häftling Isa Vermehren, dass er anfangs Angst vor ihr hatte: „Sie war so entsetzlich laut ... Wenn sie Dienst hatte, pfiff ein scharfer Zugwind durchs Haus. Sie war so unwirsch, so kurz, so schnell, so zackig und präzise, in allem was sie tat" – um sich im Hause ihrer

Erster von insgesamt sieben Ravensbrück-Prozessen im Curiohaus Hamburg. Vorn auf der Anklagebank die SS-Aufseherinnen Margarete Mewes und Theodora Binz (v. r. n. l.). Mewes wurde – wohl auch unter Einwirkung der positiven Aussagen des ehemaligen Häftlings Isa Vermehren – nur zu zehn Jahren Haft verurteilt, aber bereits nach fünf Jahren entlassen. Theodora Binz, der „Schrecken von Ravensbrück", erhielt die Höchststrafe und wurde im Zuchthaus Hameln gehenkt. Foto: NN/DW

Mutter und ihrer drei nichtehelichen Kinder ins Bett zu flüchten und sich dösender Weise wie ein krankes Kind versorgen zu lassen; ein Gefühl der eigenen Hilflosigkeit und Ausgeliefertheit an ein Leben in zwei Teilen: uniformiert und nicht uniformiert.

Die menschliche Größe der Zeugin Isa Vermehren: Im ersten Ravensbrück-Prozess entlastete sie die Angeklagte Nr. 6, Margarete Mewes, als fleißig und korrekt, unbestechlich, nie intrigierend, nie Häftlinge „nach oben" meldend – und niemals jemanden schlagend; zwei Häftlinge hätten sich sogar vor Entlassung bei der Aufseherin für faire Behandlung bedankt. Das hatte für die Angeklagte positive Konsequenzen: eine Verurteilung zu lediglich zehn Jahren Haft, die bereits nach fünf Jahren verbüßt waren.

In ihrem Buch nannte Isa Vermehren auch die Kollegin von Margarete Mewes, die Oberaufseherin Dorothea, genannt Theodora Binz. Auch sie war 1939, 19 Jahre alt, in die SS eingetreten – eine Frau, der jedes Maß von menschlichem Empfinden fremd war. Von Sadismus gesteuerte Prügelstrafen mit einer Peitsche, stehende Folter im wassergefüllten Dunkelbunker ohne Essen, hämische Genugtuung beim Zusehen von Quälereien, Drangsalierungen und Erniedrigungen der Frauen in Begleitung eines scharfen abgerichteten Schäferhundes: Daran fand die ehemalige Tellerwäscherin Gefallen und Erfüllung ihres Berufslebens, darin sah sie einen Beweis ihr uneingeschränkten Machtfülle über die ihr unterstellten und ihrer Willkür ausgelieferten Häftlinge.

Vor Gericht gab die Binz zu, auf Häftlinge eingedroschen zu haben, „um Disziplin und Ordnung zu halten". Sie habe aber weder ein Peitsche noch einen Hund bei sich gehabt. Auf Vorhaltung bestätigte sie, auch kräftig zugeschlagen zu haben, aber nicht so, dass jemand davon krank geworden wäre. Der Frage des Staatsanwalts, ob die Aussage mehrerer Zeuginnen, sie sei der „Schrecken von Ravensbrück" gewesen, wahr sei, blieb Binz die Antwort schuldig. Das Leben der 27-Jährigen endete, nachdem sie zum Tode verurteilt worden war, am Morgen des 2. Mai 1947 am Galgen des Zuchthauses Hameln.

Die britische Militärjustiz sprach in Hamburg aber auch Todesurteile gegen Angeklagte ohne nationalsozialistischen Hintergrund aus, vor allem bei erheblichen Verstößen gegen das Besatzungsrecht, z.B. Tötung von oder Angriff auf alliierte Soldaten, unerlaubter Besitz und ungesetzlicher Gebrauch von Waffen, Plünderung. Schon bald nach Gründung der englischen Besatzungszone wurde auch die Verfolgung entsprechender Straftaten auf die Displaced Persons (DPs) ausgedehnt.

Das waren vor allem aus Osteuropa zu Zwangsarbeit nach Deutschland verschleppte Personen, die nach Kriegsende nicht in ihre Heimatländer zurückkehren konnten oder wollten, weil sie dort abermals Verfolgung befürchten mussten oder nicht in kommunistischen Regimen leben wollten. Den Hauptanteil der DPs stellten polnische ehemalige Zwangsarbeiter oder entlassene Kriegsgefangene, die meist in Lagern lebten – beispielsweise zu Tausenden in Kasernen in Wentorf. In deren Umkreis kam es häufiger zu – teils erheblichen – Gewalttaten, oft als Vergeltung wegen des zuvor erlittenen, ihnen von Deutschen zugefügten Unrechts. So sah sich die Hamburger Bürgerschaft Mitte Januar 1947 veranlasst, die Militärregierung auf mehr als 100 Raubüberfälle, Morde und weitere Gewalttaten hinzuweisen, die seit der Besetzung Hamburgs „fast durchweg durch Ausländer verübt wurden, wie sie gegenwärtig in den Wentorfer Kasernen untergebracht sind". Die Bürgerschaft forderte ihre wirkungsvollere Überwachung – auch durch Einsatz deutscher Polizei –, die vollständige Entwaffnung dieses Personenkreises und bis dahin ein rigoroses Ausgehverbot. Dafür zeigte die Militärregierung durchaus Verständnis, sah sich aber erst zu einer Entscheidung in der Lage, wenn dieses

Problem im ganzen besetzten Deutschland in gleicher Weise behandelt werde.

Für Straftaten der Displaced Persons war also, wie zuvor angedeutet, die britische Militärjustiz zuständig. Sie urteilte mit voller Schärfe und ohne Rücksicht auf die durch Erlebnisse während der Nazizeit beeinflusste psychische Verfassung der Täter. So wurde im Mai 1946 ein 23-jähriger Pole wegen Mordes an einem Hamburger Polizeibeamten zum Tode verurteilt, ebenso im Januar 1947 zwei Landsleute, die gleichfalls einen Hamburger Polizisten erschossen und einen zweiten schwer verletzt hatten, als sie beim Fortschaffen schwarzgeschlachteten Fleisches von der Streife angehalten wurden.

Die von britischen Gerichten in Hamburg zur Höchststrafe Verurteilten wurden im Zuchthaus Hameln durch den Strang hingerichtet. Hier waltete der englische Chef-Henker Albert Pierrepoint (1905–1992) seines Amtes, das vor ihm bereits von Familienangehörigen ausgeübt wurde. Während seiner Dienstzeit von 1932 bis 1956 hat er 433 Männer und 17 Frauen zu Tode gebracht. Zwischen 1945 und 1949 hat Pierrepoint an 157 Deutschen, 40 Osteuropäern und vier Engländern im Zuchthaus Hameln, der zentralen Hinrichtungsstätte der britischen Besatzung, die Todesstrafe vollstreckt.

Aber auch die Hamburger Justiz machte von der Todesstrafe Gebrauch. Allein im Februar 1947 sprach sie zweimal die damalige höchste Sanktion aus – gegen einen 22-Jährigen und in einem anderen Verfahren gegen einen 33-Jährigen wegen Raubmordes. Beiden Tätern wurden darüber hinaus die bürgerlichen Ehrenrechte für den Rest ihres Lebens aberkannt.[4]

Zwei weitere der Zeit entsprechende Prozesse Anfang 1947 führten zu erheblicher Aufmerksamkeit in der Hamburger Presseberichterstattung, wenngleich sie in der Schwesterstadt Lübeck stattfanden. Dort verhandelte das britische Militärgericht gegen ein Dutzend Angeklagte aus dem Raum Aumühle. Sie waren Aktivisten in der neu gegründeten „Deutschen Freiheitspartei KK/

4 Todesstrafe: Mit Inkrafttreten des Grundgesetzes (GG, Art. 102) am 23. 5. 1949 in dessen Geltungsbereich abgeschafft. Letzter Vollzug am 11.5.1949 im Gefängnis Berlin-Moabit. DDR: Todesstrafe bis 1981.

Kampfbund gegen Kommunismus" und verfügten u.a. über ein Fälschungsstudio zur Herstellung von Urkunden, Personalausweisen und Waffenscheinen. Als beim Gericht während der Verhandlungen anonyme Briefe mit Todesdrohungen gegen deutsche Kriminalbeamte eingingen, drohte der Vorsitzende jedem, der versuchte, den Prozess zu stören, schärfste Strafen an.

Anfang März wurden die Urteile gefällt. Weil die Angeklagten in unterschiedlicher Intensität die Autorität der Militärregierung untergraben, den Militarismus verherrlicht, eine illegale politische Tätigkeit nach Muster des Nationalsozialismus entfaltet und verbotene Waffen besessen hatten, erhielt der Rädelsführer eine zwölfjährige Gefängnisstrafe, die übrigen ein Strafmaß zwischen einem und sechs Jahren. Alle Sanktionen wurden rückwirkend zum 20. April 1946 ausgesprochen.

Der mit der zweithöchsten Freiheitsstrafe (sechs Jahre) belegte Angeklagte sorgte für allgemeines Aufhorchen: Er war Mitglied der Waffen-SS gewesen und gegenwärtig bei einer britischen Militärdienststelle in Hamburg-Finkenwerder beschäftigt. Die erstaunliche Tatsache, dass ehemalige SS-Männer in englischen Diensten stehen, veranlasste die britische Militärregierung in Hamburg zu einer sachlichen, von englischer Fairness geprägten Erklärung: Der Verurteilte sei als 18-Jähriger zum Reichsarbeitsdienst einberufen, vier Wochen danach in ein Sanitätsbataillon der SS geschickt und drei Monate später in eine SS-Panzerdivision versetzt worden. Der junge Mann habe sich nie politisch betätigt und sei ohne eigenen Wunsch zur SS eingezogen worden. Auf der Dienststelle, in der er jetzt tätig ist, seien 4000 Deutsche zumeist als Arbeiter beschäftigt. Sie würden zwar vor Einstellung geprüft, müssten aber keine Fragebogen ausfüllen. Es sei nicht ausgeschlossen, dass sich in Einzelfällen unter ihnen auch ehemalige Waffen-SS-Männer befinden. Einzige Folge ihrer etwaigen Entlassung wäre, dass sie die gleiche Tätigkeit in einem anderen Betrieb ausübten.

Der zweite ebenfalls aufsehenerregende Prozess fand im Januar 1947 vor dem Landgericht Lübeck gegen den Journalisten *Joachim Garbe* statt. Der ehemalige Soldat hatte seinen Dienst in der Wehrmacht als Beitrag zu einem völkerrechtswidrigen Angriff gesehen, daraufhin die Flucht ergriffen, war gefasst und vom Naziregime zum Tode verurteilt worden. Danach griff er einen ihn bewachenden Kriminalbeamten mit einem Messer an, wodurch dieser schwere Verletzungen davontrug. Garbe gelang sodann die Flucht in die Schweiz.

Wegen schwerer Körperverletzung wurde er daraufhin zu fünf Monaten Gefängnis verurteilt; das Strafmaß fand im März 1947 die Bestätigung des Oberlandesgerichts Kiel. Der Staatsanwalt hatte den Standpunkt vertreten, dass auch in einem rechtswidrigen Angriffskrieg die Wehrpflichtgesetze nicht hinfällig werden. Damit habe sich der bewachende Polizeibeamte in rechtmäßiger Ausübung seines Dienstes, Garbe hingegen durch die Fahnenflucht in unrechtmäßiger Situation befunden. Die Verteidigung vertrat den Standpunkt, die Anerkennung des Rechts zum Widerstand gegen Gewaltherrschaft habe sich durchgesetzt. Auf Grund des Kellog-Paktes[5] sei der Hitler-Krieg rechtswidrig und damit alle Urteile über Fahnenflucht hinfällig gewesen. Da für den Angeklagten wegen des Todesurteils höchste Gefahr für Leib und Leben bestand, habe er gar keinen anderen Ausweg gehabt.

In der Urteilsbegründung räumte das Gericht ein, dass inzwischen zwar vieles anders sei und anders gesehen werde. Das könne jedoch nicht zu einer straffreien Auflehnung gegen Beamte im Dienst führen. Das ist und bleibe rechtswidrig. Eine entsprechende Korrektur müsse der staatlichen Gesetzgebung überlassen bleiben.

Das Urteil und vor allem die Begründung löste in Leserkreisen der berichtenden Tageszeitungen zwar auch Zustimmung, weitgehend aber Empörung aus. Aus einer Leserzuschrift an *Die Welt*: „Wie schwer wird es doch, den aus der Ideologie der NSDAP[6] kommenden Richtern und Staatsanwälten, sich geistig umzustellen!"

5 Nach bilateralen Verhandlungen der Unterhändler *Frank B. Kellog*/USA und *A. Briand*/Frankreich 1928 geschlossene Übereinkunft, Kriege als Werkzeug der nationalen Politik mit Ausnahme von Verteidigungskriegen zu ächten. Bis 1938 von 65 Staaten unterzeichnet.

6 NSDAP = Nationalsozialistische Deutsche Arbeiterpartei.

■ Der britische Stadtkommandant Armytage sieht in der *Wiedereröffnung der hamburgischen Verwaltungsgerichte* einen Schritt zu alten bewährten demokratischen Freiheiten der Hansestadt. Auf dem aus diesen Anlass stattfindenden Festakt im Plenarsaal des Hanseatischen Oberlandesgerichts hob er in Bezug auf Handel, Austausch von Ideen und Demokratie die enge Verbindung Hamburgs zu England hervor. Hamburgs demokratische Tradition stehe englischen Gedanken näher als die preußische, so Armytage.

HE, 3.4.46

■ Die *Hamburger Freie Presse* hatte am 23. Oktober 1946 in mehreren Beiträgen ausführlich über die Hinrichtung am 16. Oktober 1946 der zehn im *Nürnberger Kriegsverbrecherprozess* zum Tode verurteilten Hauptangeklagten Hans Frank, geb. 1900, Generalgouverneur Polen; Wilhelm Frick, geb. 1877, Reichsinnenminister; Alfred Jodl, geb. 1890, Chef des Wehrmachtführungsstabes; Ernst Kaltenbrunner, geb. 1903, Chef des Reichssicherheitshauptamtes; Wilhelm Keitel, geb. 1892 Chef des Oberkommandos der Wehrmacht; Joachim von Rippentropp, geb. 1893, Reichsaußenminister; Alfred Rosenberg, geb. 1893, Leiter des Außenpolitischen Amtes der NSDAP, Weltanschauungsbeauftragter der Partei und hauptverantwortlich für Plünderung von Kunst- und Kulturgütern sowie Bibliotheken in besetzten Ländern; Fritz Sauckel, geb. 1894, Generalbevollmächtigter des Arbeitseinsatzes von zwangsverschleppten Ausländern; Reichsstatthalter von Thüringen; Arthur Seyß-Inquart, geb. 1892, Reichsstatthalter Österreich (Ostmark); Reichskommissar der besetzten Niederlande und Julius Streicher, geb. 1885, Gauleiter Franken, Gründer des Hetzblatttes *Der Stürmer*; berichtet (der elfte Verurteilte Hermann Göring, geb. 1893, Oberbefehlshaber der Luftwaffe, Reichstagspräsident, Ministerpräsident Preußen und designierter Nachfolger Hitlers hatte sich zuvor mit einer verstecken Giftkapsel das Leben genommen). In einem Leserbrief beanstandete ein britischer Offizier die Veröffentlichung mit ihren „widerlichen Einzelheiten", die jeden Menschen mit Abscheu erfüllen müssten. Sie zöge nach sich, dass die

Alliierten von deutscher Seite als Heuchler gesehen werden könnten und einen Sadismus praktiziert hätten, der dem des Nationalsozialismus in nichts nachstehe. Die Redaktion erwiderte, lediglich Auszüge aus Texten des unter britischer Kontrolle stehenden *German News Service* und der englischen Presseagentur Reuter über die Hinrichtungen veröffentlicht zu haben. HFP, 23.10.46

■ Mit dem am 7. April 1947 in Kraft tretenden *Kontrollratsgesetz Nr. 50* wird Diebstahl und unerlaubter Gebrauch sowie Vergeudung rationierter Güter unter Strafe gestellt. Betroffen davon werden die Täter und auch diejenigen, die solches zulassen, sein. Der Strafrahmen reicht von mindestens sechs Monaten Gefängnis bis hin zu lebenslänglich Zuchthaus. In jedem Fall wird zudem eine Geldstrafe zwischen 5000 und 5 Millionen Reichsmark verhängt.
HE, 28.3.47

Aufbruchstimmung an Alster und Elbe

Technische Hochschule: „Offenes Hamburg, weltfremdes Berlin"

DEN ANFANG DES HAMBURGER PRESSEGESCHEHENS nach dem Zweiten Weltkrieg machte in Hamburg *DIE ZEIT*, neben *Die Welt* die einzig heute noch bestehende Zeitung aus dessen Beginn und seiner Vielfalt. In einer Auflage von 25.000 Exemplaren erschien die Wochenzeitung zum erstenmal am 21. Februar 1946. Am 2. April 1946 zog die Tagespresse nach. 39 Zeitungen erhielten von Generalmajor Alex Bishop, der in der britischen Zone für den Aufbau der Medien verantwortlich war, die Lizenz, deren Zulassungsnummer auf jeder Titelseite zu erscheinen hatte. Für Hamburg waren es vier – das wiederzugelassene, 1875 gegründete *Hamburger Echo* für die SPD, die *Hamburger Allgemeine Zeitung* für die CDU, die *Hamburger Freie Presse* für die FDP und die *Hamburger Volkszeitung* für die KPD, sämtlich getreu des Titelbestandteils „Hamburger" lokal ausgerichtet. Zudem hatte die zuvor erwähnte *Welt* die Lizenz erhalten – als überparteiliche Tageszeitung für die gesamte britische Zone.

Es waren bescheidene Anfänge – vor allem geprägt durch einen eklatanten Mangel an Papier. Unter normalen Umständen hätten in dem Gebiet der britischen Zone für Tageszeitungen 40.000 Tonnen Papier pro Monat bedruckt werden müssen. Es standen aber nur 1200 zur Verfügung – in minimaler, stark holzhaltiger Qualität. Demzufolge wurde die Zahl der Lizenzen gering gehalten. Die neuen Medien konnten nur zweimal wöchentlich mit normalerweise vier, in Ausnahmefällen sechs Seiten Umfang erscheinen.

Die üblichen vier Seiten pro Ausgabe standen nur eingeschränkt der klassischen Berichterstattung zur Verfügung. Diese stand besonders hinsichtlich der Recherche unter Druck, weil die neuen Medien infolge der Kriegsereignisse meist weder über ein Archiv noch eine Bibliothek verfügten. Sie baten deshalb ihre Leser um Unterstützung in Form von Lexika und Nachschlagewerken. Zudem hatten die Redaktionen gründlich umzulernen: Im

Gegensatz zu vorhergegangener Zeit forderte die Besatzungsmacht nach englischer Tradition die Trennung von Nachricht und Kommentar – und stärkte deshalb den Redaktionen den Rücken, wenn deutsche Behörden nach wie vor versuchten, auf die Berichterstattung Einfluss zu nehmen oder gar, wie vorher üblich, eine Vorzensur auszuüben.

Am 21. Februar 1946 erschien die erste Ausgabe der ZEIT. *Ihr folgten am 2. April 1946* Die Welt *(für die gesamte britische Zone), die* Hamburger Allgemeine *(CDU), das bereits seit 1875 bestehende, während der Nazizeit jedoch verbotene* Hamburger Echo *(SPD), die* Hamburger Freie Presse *(FDP) und die* Hamburger Volkszeitung *(KPD).* Foto: Schreiber

Die zuweilen ausufernden amtlichen Bekanntmachungen und Aufrufe von Lebensmittelrationen nahmen trotz gerade noch zu lesender Schriftgröße oft eine halbe Seite des beschränkten Raums in Anspruch. Anzeigen erschienen deshalb in minimaler Einheitsgröße – aber nur nach penibler Prüfung des Inhalts, teils von den Zeitungen initiiert, teils von behördlicher Seite vorgeschrieben – besonders bei Bekanntschaftsanzeigen zum Schutz der öffentlichen Moral. Der Abonnementspreis der Tageszeitungen bewegte sich pro Monat bei acht Ausgaben um 2 Reichsmark, der Einzelverkaufspreis lag bei 20 Pfennig. Somit kostete eine Seite 6 Pfennig monatlich. In der Vorkriegszeit waren es zu einem Abopreis von 2,50 Reichmark bei zehn Seiten pro Ausgabe lediglich 0,8 Pfennig.

Die vier lizenzierten Hamburger Tageszeitungen hatten gemeinsam eine Auflage von 400.000 Exemplaren. Auf die *Hamburger Freie Presse* entfielen 80.000, darunter nur 15.000 Abonnements, mehr waren nicht zulässig. Somit konnten Abo-Wünsche nur zu einem Bruchteil erfüllt werden, teilte die Zeitung unmittelbar nach Erscheinen mit. Sie gab den Rat, die Exemplare innerhalb des Hauses auszutauschen, „zumal die früher von einer Stelle aus geleitete einheitliche Streuung der Auflage heute nicht mehr gewährleistet ist".

Wenig später ging die den Liberalen nahestehende Zeitung in diesem Zusammenhang ins Einzelne. Sie hatte 185.000 an einem Abonnement Interessierte, von denen traditionell zahlreiche nicht parteigebunden seien. Als Beweis nannte sie die FDP-Vorgängerin Demokratische Partei Hamburg, die bei den Reichstagswahlen 1932 53.000 Stimmen erhalten hatte, während der ihr nahestehende *Hamburger Anzeiger* eine Auflage von 165.000 Exemplaren gehabt habe. Die SPD holte bei diesen Wahlen 310.000 Stimmen, ihr *Hamburger Echo* habe aber nur eine Auflage von 80.000 aufweisen können. In der britischen Zone verfüge die SPD jetzt über zwölf Zeitungen mit insgesamt 1,9 Millionen Exemplaren, die FDP über drei mit 230.000. An Stimmen holte die SPD bei den jüngsten Wahlen in der britischen Zone (am 13. Oktober 1946) 11,2; die FDP rund zwei Millionen. Während also die SPD nur das 5,6fache der Stimmenzahl der FDP ausweisen könne, betrage die Auflage ihrer Zeitungen ungefähr das 8,5fache der liberalen Veröffentlichungen. Die KPD brachte es auf 2,4 Millionen Stimmen, also nur ein Fünftel mehr als die FDP, habe aber eine Auflagenhöhe von 670.000, also mehr als das Dreifache der freidemokratischen Zeitungen – diese von ihnen als ungerecht empfundenen Diskrepanzen hatten die Vertriebsexperten der *Hamburger Freien Presse* penibel errechnet und ihren Lesern nicht vorenthalten.

Hugh Carlton Greene, 1946 legendärer Mitbegründer des Nordwestdeutschen Rundfunks/NWDR. „Sein" Sender sollte liberal-demokratisch ausgerichtet sein und sich der Toleranz und Kompromissfähigkeit verpflichtet fühlen. Foto: NWDH

Mit vier parteinahen Blättern hatte Hamburg in den Nachkriegsjahren eine ausgesprochen lebhafte Presselandschaft. Keine dieser Lokalzeitungen hat sich jedoch halten können. Als letzte stellte 1966 das *Hamburger Echo* sein Erscheinen ein.

Der Rundfunk in der britische Zone, der *Nordwestdeutsche Rundfunk (NWDR)* mit Funkhäusern in Hamburg und Köln, ist untrennbar mit seinem legendären Mitbegründer und maßgeblichen Organisator Hugh Carlton Greene (1910–1987) verbunden. 1945 nach Vorbild der legendären BBC mit Hauptsitz in Hamburg und Funkhaus in Köln gegründet, kam Greene, ein jüngerer Bruder des Schriftstellers Graham Greene (1904–1991) und in dritter Ehe mit der deutschen Kabarettistin Tatjana Sais (1910–1981) verheiratet, 1946 in die Hansestadt. Sein Handwerk hatte er in den 30er Jahren unter anderem als Korrespondent in Deutschland, wo er beruflich schon 1933 das Konzentrationslager Dachau aufsuchte, und in verschiedenen europäischen Ländern gelernt. 1940 war er bei der BBC als Chefredakteur für den Europadienst und den selbständigen Deutschlanddienst verantwortlich. Den NWDR richtete er als unabhängige Anstalt des öffentlichen Rechts aus – frei von politischer Einflussnahme, die sich aber bereits bald als utopisch erweisen sollte; finanziert durch Gebühren der Teilnehmer. Sein NWDR sollte liberal-demokratisch ausgerichtet sein und sich der Toleranz und Kompromissfähigkeit verpflichtet fühlen.

Ein Zeugnis dessen waren fortan nicht nur – ausdrücklich auch der britischen Besatzungsmacht gegenüber – kritisch-liberale Beiträge, die für zahlreiche bisher auf nationalsozialistische Propagandasendungen angewiesene Hörer ein Umdenken erforderten, sondern auch die 1946 erstmals erschienenen *Nordwestdeutschen Hefte,* im Auftrag des NWDR herausgegeben von Axel Eggebrecht (1899–1991) und Peter von Zahn (1913–2001). „Sind wir auf dem richtigen Wege?": Diese Frage, so die Herausgeber, sei den Lesern des Nordwestdeutschen Rundfunks bekannt. In den Heften fanden Sendungen des NWDR ihre Wiedergabe und erfüllten damit den Wunsch, Gehörtes auch gedruckt in die Hand zu bekommen. Zu den Autoren gehörte auch der seit 1. Januar 1946 amtierende Intendant und Leiter der politischen Abteilung des NWDR Köln, Karl-Eduard von Schnitzler (1918–2001). Er wurde aufgrund seiner kommunistischen Einstellung im März 1947 fristlos entlassen, zog in die sowjetisch besetzte Zone (SBZ), war seit 1952 maßgeblicher Redakteur beim DDR-Rundfunk und -Fernsehen und wurde auch wieder in Westdeutschland bekannt – als Moderator („Sudel-Ede") des „Schwarzen Kanals" des DDR-Fernsehens (1960–1990). – Der NWDR ging am 1. Januar 1956 in den Norddeutschen Rundfunk (NDR), Hamburg, und Westdeutschen Rundfunk (WDR), Köln, auf.

Zu einer zur Erstsendung am 13. Februar 1947 nicht erwarteten Ausstrahlung wurde, wie die *Hamburger Freie Presse* schrieb, ein Hörspiel, das in einer ausgezeichneten Aufführung über den Nordwestdeutschen Rundfunk ging und zu den „schönsten Hoffnungen auf ein neues Talent aus den Reihen der Jugend berechtige": *Draußen vor der Tür* des Hamburg-Eppendorfer Schriftstellers Wolfgang Borchert (1921–1947), die der Schwerkranke aber infolge Stromausfalls nicht hatte hören können. Die Uraufführung des Kriegs- und Nachkriegsdramas, das, so sein Schöpfer, „kein Theater spielen und kein Publikum sehen will", fand am 21. November 1947 in den Hamburger Kammerspielen statt – einen Tag nach dem Tod Wolfgang Borcherts. *Draußen vor der Tür* war sodann für Generationen von Schülern fester Bestandteil des Deutschunterrichts – nicht nur in Hamburg.

Ein weiteres kulturelles Ereignis in der Hansestadt mit Verbreitung im ganzen Land: *In jenen Tagen.* Für diesen ersten Nachkriegsfilm (der neugegründeten Kamera-Filmproduktion GmbH) in der britischen Zone hatte Helmut Käutner (1908–1980) das Drehbuch geschrieben und führte mit Ernst Schnabel (1913–1986) auch Regie. Eine der tragenden Nebenrollen spielte, wie zuvor bereits erwähnt, die Lübeck-Hamburgerin Isa Vermehren. Am Beispiel eines Personenautos (Opel Kadett) und seinen über zwölf Jahre (1933–1945) sieben Besitzern wurde das Dutzend Jahre der Naziherrschaft in Deutschland versinnbildlicht. Vor Drehbeginn in Hamburg sind alle Mitwirkenden politisch überprüft worden; auch das Drehbuch durchlief die Zensur des britischen Film Production Officer. Erst nach Genehmigung der Schauspieler und des Drehbuchs wurde der Rohfilm zugeteilt, erst nach Ende der Dreharbeiten und Unbedenklichkeitsbescheinigung des Filmkontrolloffiziers gab es auch Rohfilm für die Kopien.

Noch am Tag vor Drehbeginn von *In jenen Tagen* im August 1946 war keine Kamera vorhanden. Blohm & Voß hatte u. a. die Produktion von Lampen aus ehemaligen Marinebeständen aufgenommen, so dass Aufnahmegeräte und Beleuchtungsbrücken als erste Friedensprodukte der Hamburger Großwerft herangezogen werden konnten. Häufige Stromabschaltungen waren weitere Hindernisse für die Dreharbeiten. Die Uraufführung war am 13. Juni 1946 im Waterloo-Kino Hamburg. Der Film hinterließ auf den Internationalen Filmfestspielen 1947 in Locarno wegen seiner realitätsnahen Darstellung der Lebenssituation „in jenen Tagen“ der Nazi-Jahre einen starken Eindruck.

1946/47 gab es in der britischen Zone zehn Film-Produzenten, davon waren sieben in Hamburg: Neben der genannten Kamera-Filmproduktion waren es die Alster-Film- und Atelier GmbH, die anfangs vor allem englische Filme synchronisierte; die Junge Film-Union Rolf Meyer, die Kammerspielfilmgesellschaft Hamburg mit gemeinsamem Ensemble der Hamburger Kammerspiele unter Ida Ehre (1900–1985, seit 1985 Ehrenbürgerin Hamburgs); die Kosmos-Filmgesellschaft und die Realfilm GmbH (Walter Koppel), die in Kürze den Drehbeginn für einen Lustspielfilm in Aussicht stellte.

Denn dem Publikum stand inzwischen weitgehend der Sinn nach Spielfilmen ohne Problemthemen. So genannte „Ruinenfilme“, mit dem Elend hungernder Menschen in ausgebombten

Großstädten, mit der Not der Alten, Heimatlosen und entlassener Kriegsgefangener, mit Auswüchsen der Nachkriegszeit wie Schiebern, Schwarzmarkt und verwahrloster Jugend: Damit hatten viele Erfahrungen machen müssen, ihr Bedarf war in dieser Hinsicht gedeckt – besonders in den Haupt-Drehorten damals, Berlin und Hamburg.

Die zwölf Jahre der nationalsozialistisch ausgerichteten Kultur und der Bombenkrieg hatten auch in den Literaturbeständen zu katastrophalen Verlusten geführt. Im Januar 1947 warnte die britische Zeitung *Evening Standard*, die englische Befreiungsarmee habe Deutschland in eine kulturelle Verdunkelung gebracht, die fast so undurchdringlich sei wie zu Zeiten Hitlers. Der Mangel an deutschen Büchern sei in unübersteigbares Hindernis für jeden Versuch einer erfolgreichen Umerziehung der deutschen Jugend.

Die Commerzbibliothek Hamburg hatte fast alle Bücher verloren: Von ihren einst 188.000 Bänden waren 174.000 vernichtet, von den 600.000 der Universitätsbibliothek Hamburg konnte nur ein Drittel gerettet werden, und die Universitätsbibliothek Kiel büßte von ihren 516.000 Büchern die Hälfte ein. In dieser Zeit des nicht zu befriedigenden Lesehungers hatten Privat-Leihbüchereien mit zum Teil kaum wahrnehmbarer Auswahl in bescheidenem Umfeld – z.B. Zeitungskioske – erheblichen Zulauf. Der Mangel an anspruchsvoller Lektüre und der überaus große Bedarf brachten 1947 den in Hamburg und Stuttgart lizenzierten Verleger Ernst Rowohlt (1887–1960) auf die Idee, Romane der Weltliteratur im Zeitungsformat auf Zeitungspapier – *rororo / Rowohlts-Rotations-Romane* – zu drucken. Sie erschienen zum Preis von 50 Pfennig in einer Auflage von 100.000 Exemplaren – zwar kein Ersatz für Bücher im Ledereinband, so die *Hamburger Freie Presse*; es gelte jedoch, vor allem schnell die gewaltsam unterbrochene Verbindung mit der Weltliteratur wieder herzustellen und bitter notwendig gewordene neue Maßstäbe zu finden, um endlich daraus Anregung und Profit für eigenes literarisches Schaffen zu gewinnen. Um in Erfahrung zu bringen, wonach den literaturentwöhnten Deutschen bei den neuen Rotationsromanen der Sinn stand, bat Rowohlt die Leser am Schluss der Publikationen um Angabe ihrer Titelwünsche.

Leere Universitätsbibliotheken, überfüllte Hörsäle: Nachdem zum Semesterbeginn 1945 an der Universität Hamburg für 12.000 Studienbewerber nur 3000 Plätze verfügbar gewesen sind, waren es beim zweiten Semester 9000 Bewerbungen für 4000 und beim dritten 6000 Aspiranten für 4500 Plätze. Der Zustrom war maßgeblich durch die Zahl älterer Studienbewerber, denen durch den vorherigen Militärdienst ein rechtzeitiger Beginn ihrer angestrebten akademischen Laufbahn nicht möglich gewesen ist, hervorgerufen worden. Damit war, so Schulsenator Heinrich Landahl, die Aufnahmefähigkeit der Hochschule erreicht.

Die ersten rororo-Romane erschienen 1947. Die im (Zeitungs-)Rotationsdruck in einer Auflage von 100.000 Exemplaren hergestellten Veröffentlichungen (Format 38 x 30 cm) kosteten 50 Pfennig. Das literaturentwöhnte Deutschland griff begierig nach der neuen preiswerten Lektüre, die Leser wurden um Angabe ihrer Wünsche gebeten. Foto: Schreiber

Um die Zahl der zum Studium Entschlossenen zu entzerren, wurde für die Abiturienten des Jahrgangs 1947 – das Abitur blieb auch in der britischen Zone Voraussetzung für ein Hochschulstudium – ein freiwilliges Studienjahr erwogen. Es sollte ihnen anstelle eines ebenfalls in Erwägung gezogenen „manuellen Jahres" oder Philosophikums eine erweiterte, über den engen Rahmen des Schulplanes hinausgehende Schulbildung vermitteln. Die Arbeitnehmerseite, die Hamburger Gewerk- und Genossenschaften, stellten die Gründung einer Akademie für Gemeinwirtschaft in Aussicht. In Verbindung mit der Universität sollte 60 Begabten aus ihrem Bereich sowie 20 Freistudierenden eine vollwertige Ausbildung ermöglicht werden. Gleichzeitig strebte die Kulturverwaltung Hamburgs die Gründung einer Hochschule für bildende Kunst an und mit Hinweis auf den Verlust der Leipziger Ausbildungsmöglichkeiten ebenso die einer Musikhochschule.

Schon 1928 hatte der damalige Oberbürgermeister von Altona, Max Brauer, zur Förderung der Struktur an der Niederelbe eine Technische Hochschule gefordert. Im Mai 1946 wurde aus Studentenkreisen diese Forderung in Erinnerung gerufen. Hauptgrund dafür war die Erzeugung und Ausfuhr von hochwertigen Industrieprodukten gegen dringend benötigte Nahrungsmittel, was ein wissenschaftlich geschultes Fachpersonal erfordere. Dabei brachte Professor Heinrich Heiser in der *Welt* ein ziemlich schweres Geschütz gegen Berlin in Stellung: Die bisher nur kontinental ausgerichtete Reichshauptstadt, der das Land eine kaum glaubliche Unkenntnis der geistigen und wirtschaftlichen Kräfte der großen Welt zuzuschreiben hat, falle fortan als wirtschaftliches, politisches und geistig-wissenschaftliches Zentrum aus. Damit komme auf Hamburg eine Führungsaufgabe zu. Hamburg habe die besten Möglichkeiten, die bisherige Weltfremdheit und Überheblichkeit Deutschlands gegenüber anderen Völkern zu überwinden; es müsse über seine bisherige Bedeutung als Welthafen hinaus zum geistigen Mittler werden und deshalb ein Fundament für eine industriell-technische Wirtschaft, auf der das ökonomische und soziale Leben aufbauen könne, schaffen. Die Sprache der Technik werde überall verstanden und sei deshalb am ehesten geeignet, internationale Brücken zu schlagen. Deshalb müsse Hamburg eine Technische Hochschule haben, denn die Hansestadt sei der Ort, der Deutschland am stärksten mit der übrigen Welt verbunden habe. – Die Forderung wurde 1978 mit der Technischen Universität Hamburg-Harburg (TUHH) schließlich zur Realität.

Eine Technische Universität an der Elbe hätte zurzeit des genannten Postulats aber wenig Möglichkeiten gehabt. Denn ihre Existenz wäre maßgeblich von Forschungsergebnissen abhängig gewesen, doch Forschung und Entwicklung waren im Mai 1946 vom Alliierten Kontrollrat erheblich eingeschränkt worden. Auf den Gebieten

- Angewandte Atomphysik
- Angewandte Aerodynamik
- Bauplanung für Luftfahrt und Antriebsmaschinen von Luftfahrzeugen
- Raketenantrieb
- Düsenantrieb für Gasturbinen
- Angewandte Hydrodynamik
- Antrieb von Wasserfahrzeugen
- Schiffbau und
- noch näher zu bestimmende elektromagnetische, infrarote und akustische Strahlen, die Standortfeststellungen von Fahrzeugen und selbständige Steuerung betreffen,

waren wissenschaftliche Forschungsarbeiten für die wirtschaftliche Produktion verboten.

Nach vorheriger Genehmigung indes waren Forschungen für

- Sprengstoffe für Industriezwecke
- Kugel- und Rollenlager
- durch Hochdruckhydrierung erzeugtes Ammoniak und Methylalkohol
- synthetische Treibstoffe
- Radioaktivität für andere als medizinische Zwecke
- synthetisches Gummi und
- bestimmte Verwertungsmethoden für Chemikalien

möglich. Es wurde ausdrücklich darauf hingewiesen, dass bei Zuwiderhandlungen Sanktionen verhängt werden konnten – bis zur Todesstrafe.

■ Die Diplom-Fechtmeisterin Heide Benthien hat von der britischen Militärregierung die Genehmigung erhalten, Hamburger Schauspielern Fechtunterricht zu erteilen. Der *Fechtsport* darf aber im Allgemeinen noch nicht wieder von Deutschen ausgeübt werden. HFP, 19.10.46

■ Auf einer *Betriebsversammlung des Deutschen Schauspielhauses* Hamburg nahm Bürgermeister Max Brauer zu Auseinandersetzungen der Belegschaft mit dem Intendanten Arthur Hellmer Stellung. Brauer bekräftigte, die Verwaltung der Hansestadt sei überzeugt, in Hellmer den richtigen Mann gefunden zu haben. Daraufhin entgegnete die Schauspielerin Gisela von Collande (1915–1960), dass zahlreiche Mitglieder des Hauses sich durch die vom Intendanten verursachte undisziplinierte Stimmung in ihrer künstlerischen Arbeit gehemmt fühlten. Sobald ihr Vertrag auslaufe, werde sie das Theater verlassen, ähnlich dächten viele andere Schauspieler. Vom Bürgermeister war daraufhin zu hören, dass die Sorgen hinsichtlich der Vorgänge am Theater unter den vielen um das Leben in der ihm anvertrauten anderthalb Millionen Menschen die geringsten seien. HE, 21.1.47

■ *Aus einem Leserbrief:* Während die aus dem Krieg verstümmelt heimgekehrten ehemaligen Soldaten erheblich darunter litten, dass für die Anfertigung von körperlichen Hilfsmitteln kein Material bewilligt werde, wende sich eine ganze Industrie der Herstellung von Erzeugnissen mit dem arroganten Namen „kunstgewerbliche Gegenstände" zu. Durch Herstellung und Vertrieb dieses „modernen Plunders" würden der notleidenden Bevölkerung Wohn- und Arbeitsräume entzogen. „Wer wird einmal auf die Idee kommen, statt der falschen Kunst zu huldigen Prothesen und Selbstfahrer zu bauen oder aber das Material und die Räume Personen zur Verfügung zu stellen, die in der Lage wären, den auf unsere Hilfe Angewiesenen zu helfen?", fragt der Einsender aus Bremen. ZEIT, 13.2.47

■ Das Preisgericht des Senats, das die Entwürfe für ein *Ehrenmal auf dem Ohlsdorfer Friedhof* begutachtet hat, konnte sich nicht entschließen, einzelne Arbeiten auszuzeichnen. Es hat deshalb zehn Entwürfe ausgewählt und wird die Preissumme den Entwerfern zu gleichen Teilen zuerkennen. Diese Arbeiten werden zurzeit in der Landeskunstschule Lerchenfeld ausgestellt. HE, 4.3.47

■ Die Hamburger Bauverwaltung hatte Ingenieur Hermann Honnef zu einem Vortrag über die *Ausnutzung der Windkraft* eingeladen. Es sei an der Zeit, so Bausenator Dr. Paul Nevermann, der Kohlensklaverei ein Ende zu machen. Der Plan des Referenten zur Stromversorgung Hamburgs sieht die Koppelung von Wind- und Wasserkraft durch Ausnutzung des Niveauunterschieds zwischen dem Selenter See und dem großen Binnensee vor. Der Mangel an Baustahl lasse zur Zeit jedoch nur die Errichtung eines Versuchsturms von 200 bis 250 Meter Höhe zu. Dieses erste Hamburger Windkraftwerk würde drei bis fünf Millionen Kilowatt jährlich liefern. Ein vom Senat gebildeter Ausschuss werde sich mit der Rentabilität dieses Projekts befassen und gegebenenfalls den Baubeginn empfehlen. HFP, 5.3.47

■ In einem Vortrag über Atomphysik führte der Physiker Prof. Werner Heisenberg (1901–1976) in Hamburg aus, dass die *Atomforschung* zwar den machtpolitischen Auseinandersetzungen der Völker ungeheure Möglichkeiten zerstörerischer Natur eröffnet hat, dass aber eine gemeinsam durchgeführte internationale Forschung völkerverbindend wirken könne. Für die Medizin beständen die größten Aussichten auf eine Verbesserung ihrer Heilmethoden. Bereits in 40 Jahren werde die medizinische Atomtechnik bedeutende Erfolge aufweisen. DW, 29.3.47

Anhang

- Quellenverzeichnis
- Abkürzungen und Siglen
- Personenregister
- Sachregister

Quellenverzeichnis

Hamburger Allgemeine (HA)
Jahrgang 1/1946; Nr. 1, 12
Jahrgang 2/1947; Nr. 1, 3, 4, 6, 13, 15, 16, 18, 19–26

Hamburger Echo (HE)
Nachkriegsjahrgang 1/1946; Nr. 1, 8, 10
Nachkriegsjahrgang 2/1947; Nr. 3 - 6, 11–13, 15–26

Hamburger Freie Presse (HFP)
Jahrgang 1/1946; Nr. 1, 11, 12, 57–60, 69
Jahrgang 2/1947; Nr. 3, 9, 15–22, 24

Die Welt (DW)
Jahrgang 1/1946; Nr. 1, 6, 12, 81
Jahrgang 2/1947; Nr. 1, 3–5, 8, 15, 17, 18, 20, 22–27, 29–39, 43

DIE ZEIT
Jahrgang 1/1946; Nr. 1, 2, 4, 6–8, 11, 12, 27, 36, 37
Jahrgang 2/1947, Nr. 2, 3, 7, 8, 10–13

Nordwestdeutsche Hefte (NWDH)
Jahrgang 1/1946; Nr. 2–9
Jahrgang 2/1947; Nr. 1–11

Staatsarchiv Bremen

www.wikipedia.de – Freie Enzyklopädie im Internet

Klaus Mehnert / Heinrich Schulte (Hg.): *Deutschland-Jahrbuch 1949*. West-Verlag Essen, 1949.
Hamburg am Werk. Katalog zur Ausstellung 5.–30. Mai 1948 Planten un Blomen.
Franklin Kopitzsch / Daniel Tilgner (Hg.): *Hamburg Lexikon*. Zeise-Verlag, 1998.
Kurt Grobecker / Hans-Dieter Loose / Erik Verg (Hg.): *... mehr als ein Haufen Steine*. Ernst Kabel Verlag/Hamburger Abendblatt, 1981.
Isa Vermehren: *Reise durch den letzten Akt*. Rowohlt Verlag, 1979.
Robert Wistrich: *Wer war wer im Dritten Reich?* Fischer Taschenbuch Verlag, 1988.

Leider konnten trotz intensiver Recherche nicht alle Inhaber von Bildrechten ausfindig gemacht werden. Berechtigte Ansprüche werden vom Verlag gern im üblichen Rahmen abgegolten.

Abkürzungen und Siglen

ARD	Arbeitgemeinschaft der öffentlich-rechtlichen Rundfunkanstalten der Bundesrepublik Deutschland
BBC	British Broadcasting Corporation
Bizone	Zusamenschluss der britischen und amerikanischen Besatzungszone
BRD	Bundesrepublik Deutschland
BRT	Bruttoregistertonne, Raummaß eines Schiffes (2,831 Kubikmeter)
Care	Cooperative for American Remittance to Europe (Care-Pakete)
CCG/BE	Control Commission of Germany/British Element
CDU	Christlich-Demokratische Union
DDR	Deutsche Demokratische Republik
DHG	Deutsche Hilfsgemeinschaft
DPs	Displaced Persons (verschleppte Zwangsarbeiter)
DW	*Die Welt*
dz	Doppelzentner
FDP	Freie Demokratische Partei
Gestapo	Geheime Staatspolizei
HA	*Hamburger Allgemeine*
Hapag	Hamburg-Amerikanische Packetfahrt-AG
HE	*Hamburger Echo*
„Hein Gas“	volkstümliche Bezeichnung der ehemaligen Hamburger Gaswerke
HEW	Hamburgische Electrizitätswerke
HFP	*Hamburger Freie Presse*
Kapos	Kameradschaftspolizei aus Häftlingen in Konzentrationslagern/KZ
KPD	Kommunistische Partei Deutschlands
KZ	Konzentrationslager
LKW	Lastkraftwagen
m^2	Quadratmeter
Michel	Michaeliskirche Hamburg
Mill.	Millionen
Mrd.	Milliarden
NDR	Norddeutscher Rundfunk
NRT	Nettoregistertonne (Gesamtinhalt des für Ladung und Fahrgäste kommerziell nutzbaren Raums eines Schiffes)
NSDAP	Nationalsozialistische Deutsche Arbeiterpartei
NWDH	Nordwestdeutsche Hefte

NWDR	Nordwestdeutscher Rundfunk
PoW	Prisoner of War (Kriegsgefangener)
„Pro"	Konsumgenossenschaft Produktion
RM	Reichsmark
rororo	RowohltsRotationsRomane
SAGA	Siedlungs-Aktiengesellschaft Hamburg
S-Bahn	Stadtbahn
SBZ	Sowjetisch besetzte Zone
SPD	Sozialdemokratische Partei Deutschlands
SS	Schutz-Staffel (Waffen-SS = Militärischer Kampfverband der SS)
t	Tonne
Trizone	Zusammenschluss der britischen, amerikanischen und französischen Besatzungszone
TUHH	Technische Universität Hamburg-Harburg
US, USA	United States of America

Personenregister

Armytage, H. W. 20, 118
Augstein, Rudolf 61

Baldwin, Abg. Unterhaus 19
Bansi, Prof. Dr. med. 39
Benthien, Heide 130
Berry, H. V. 21, 23
Bevin, Ernest 16, 19
Binz, Dorothea (Theodora) 113 f.
Bishop, Axel 20
Borchert, Wolfgang 124
Borgner, Otto 71, 99
Bramball, Abg. Unterhaus 18
Brauer, Max 22, 23, 25, 26, 44, 48, 128, 130
Berry, H. V. 21, 23

Churchill, Sir Winston 17
Clifford, Alexander 17
Collande, Gisela von 130
Crossman, Abg. Unterhaus 18

Dahrendorf, Gustav 44
Dalton, Schatzkanzler 16
Davies, Abg. Unterhaus 18
Dönhoff, Dr. Marion Gräfin 60, 61, 66
Douglas, Sir Sholto 18, 50
Dunlop. J. K. 21

Eggebrecht, Axel 124
Ehre, Ida 125

Finck, Werner 111
Fitzgerald, Dennis 59
Frank, Hans 118
Frick, Wilhelm 118

Garbe, Jochim 116
Georges, Bruno 73, 74
Göring, Hermann 118
Gollancz, Victor 69, 90 f.
Greene, Graham 123
Greene, Hugh Carlton 123
Gühlck, Otto 108

Harmsen, Prof. 37
Heisenberg, Werner 131
Heiser, Heinrich 128
Hellmer, Arthur 130
Hitler, Adolf 118
Honnef, Hermann 131
Hoover, Herbert 26, 58, 59, 90, 100
Hynd, John 16, 21

Immel. Dr. Egon 38

Jodl, Alfred 118

Käutner, Helmut 125
Kaltenbrunner, Ernst 118
Keitel, Wilhelm 118
Knudsen, Bruno 19

Landahl, Heinrich 127
Law, Abg. Unterhaus 17

Marschall, Douglas, Abg. Unterhaus 17
McNeil, Staatsminister 19
Mewes, Margarete 112, 113
Montgomery, Sir Bernard L. 15

Nevermann, Dr. Paul 107, 108, 131
Nissen, Peter Norman 106

Petersen, Rudolf 20, 25
Pierrepoint, Albert 115

Rein, Prof. Dr. F. H. 40

Rippentropp, Joachim von 118
Robertson, Sir Brian 15, 18
Rosenberg, Alfred 118
Rowohlt, Ernst 126

Sais, Tatjana 123
Sauckel, Fritz 118
Schiller, Prof. Karl 28
Schlange-Schöningen, Dr. Hans 66, 67
Schmitt, Hugo 27
Schnabel, Ernst 125
Schnitzler, Karl-Eduard von 124
Schönfelder, Adolph 25
Seedorf, Prof. Dr. 62
Seyß-Inquart, Arthur 118
Streicher, Julius 118
Stresemann, Gustav 90
Stresemann, Wolfgang 90
Stokes, Abg. Unterhaus 19, 20, 21, 23

Trezise, Josephine 90
Truman, Harold S. 58

Vermehren, Isa 111–113, 125

Weir, Sir Cecil 16

Zahn, Peter von 124
Zassenhaus, Frl. 27

Sachregister

Alliierte Kontrollkommission 19, 79
Alliierter Kontrollrat 93, 96
Arbeitsdienst 69
Atomtechnik, medizinische 131
Außenminister-Konferenz 19
Äußerstes Notprogramm 48

BBC 123
Bizone 15, 26, 39, 58, 63 64, 66, 67
Bucheckern, -sammlung 64, 65
Bürgerschaft 44, 45, 57, 108 114
Bürgerschaftswahl 25

Care-Paket 57, 92
CDU 18, 25, 66
Control Commission of Germany British Element (CCG/BE) 14

DDR 124
Demonatge 45, 91
Deutsche Dienstgruppen 20
Die Welt 117, 120, 121
DIE ZEIT 60, 62, 120, 121
Displaced Persons (DPs) 13, 114, 115
Draußen vor der Tür 124

Ein-Kronen-Sammlung 90
Entnazifizierung 24
Ernährungsnotstand 29
Ernährungswirtschaft 62

Fahnenflucht 117
FDP 25, 42 87, 122
Film Production Officer 125
Fishery Control Board 103
Föderalismus 17
Friedenspreis des deutschen Buchhandels 91

Fünfjahresplan 58

Gestapo 111
Grindel-Hochhäuser 23

Hamburg-Projekt 23
Hamburger Allgemeine 30, 40, 101, 120 f.
Hamburger Echo 43, 76, 90, 120 f.
Hamburger Freie Presse 20, 30, 54, 72, 76, 89, 90, 118, 120 f., 126
Hamburger Volkszeitung 120, 121
Hinrichtungen 115, 118
Hoover-Plan, Hoover-Programm 58
Hungertote 41

Im dunkelsten Deutschland 90
In jenen Tagen 111, 124, 125
Internationale Filmfestspiele 1947 125
Internationaler Notstands-Ernährungsausschuss 59
Internationale Werkschar 90
Internierungslager 24
Interzonenhandel 63

Jugendkriminalität 69

Kapitulation 17
Katakombe (Kabarett) 111
Kellog-Pakt 117
Klassische Moderne 23
Kontrollkommission, Britische 22, 45
Kontrollratsgesetz 27, 119
KPD 25, 123
Konzentrationslager/KZ 27, 110, 112
Kriegsgefangene 19, 20, 27, 102

Kriegsverbrecherprozess Nürnberg 118

Labour Partei 17, 19, 23
„Liberty"-Schiffe 99

Maisbrot 59
Minenräumdienst 102

Nissenhütten 106
NWDR 123, 124

Ostgebiete 60

Potsdamer Abkommen 15, 96
Potsdamer Konferenz 15
Punktesystem 49, 51

Quäker 90

Regional Food Office 68
Reichsarbeitsdienst 116
Reichsbahn 48, 49, 52 56, 67
Reichsbank 25
Reichspost 47, 48
Reise durch den letzten Akt 111 f.
Reparationen 16, 26
„Rettet Europa jetzt" 69, 92
rororo (Rowohlts-Rotations-Romane) 126 f.
Royal Air Force 92, 95
Ruhrfestspiele Recklinghausen 50

Schwestern vom Heil. Herzen Jesu 111
Selbstversorger 39, 41, 78
Senat 26, 42, 44, 45 57
SPD 23, 25, 26, 44, 95, 122
SS 110, 112, 113, 116

Todesopfer Kälte 31, 33, 34
Todesstrafe, -urteile 111, 114, 115, 129
Trizone 15

Unterhaus 16, 18, 19, 21, 23, 44

Verwaltungsrat Bizone 44
Verwaltungsrat für Wirtschaft 51
Völkerbund 37, 58

Wahlrecht 25
Wald 54
Walfang 66, 101
Windkraft 131

Zuteilungsperiode 36, 63, 64, 66, 87